MONEY SCRIPT

収入の9割はマネースクリプトで決まる

メンタリスト DaiGo

KADOKAWA

この本は読むだけで

■お金が貯まる

■人生で一番大切なことが見つかる

1冊です

まえがき

あなたの現在の収入は、何で決まっていると思いますか？

学歴や頭の良さ？
行動力やコミュニケーション力？
「運」と答える人もいるかもしれません。

間違ってはいませんが、どれも収入を決める決定的な要素とは言えないでしょう。

では、答えを言います。
あなたの収入を決める要素。
それは「**マネースクリプト**」です。

マネースクリプトとは、お金に対する思い込みや考え方のこと。言うなれば「マインドセットのお金版」です。

たとえば、次に挙げる2人は違うマネースクリプトを持っています。どちらが「金持ち体質（お金持ちになりやすいタイプ）」だと思いますか？

Aさん：自由を手にするためにはお金が必要である。万が一のために貯金することは大事だし、一攫千金を狙わずコツコツ投資をしてお金を増やすことも重要だ。

Bさん：お金を稼ぐことは汚いことである。儲けている人は大体悪いことをしているし、お金を増やそうとするのは良くないことだ。

皆さんお分かりだと思いますが、Aさんが金持ち体質です。

このような、個人が持つ、お金に対する考え方や思い込みがマネースクリプトです。「マネースクリプトによって収入の9割は決まる」という研究結果もあるほど、金持ち体質になれるかどうかの鍵を握ります。

歪んだマネースクリプトを持っている人は、穴が空いているバケツに水を汲んでいるようなもの。働いても、働いても、お金は貯まらず、「貧乏体質」から抜け出せません。

マネースクリプトとは？

あなたが持っている

お金に対する

「思い込み」や「考え方」のこと

正しいマネースクリプトを持つ Aさん	歪んだマネースクリプトを持つ Bさん

健康的な生活を
しながら
コツコツお金を
増やし続ける

一生豊かな暮らしが
約束されている

金持ち
体質

穴が空いている
バケツに水を
汲んでいるようなもの。
頑張っても、頑張っても、
お金が貯まらない

死ぬまで
お金の不安が
つきまとう

貧乏
体質

本書『収入の9割はマネースクリプトで決まる』は、読むだけで金持ち体質になれる本です。

参考にしたのは、アメリカ・クレイトン大学のブラッド・クロンツ博士。そしてブラッド氏の父でもあり、同じくファイナンシャル心理学のパイオニアであるテッド・クロンツ博士。このファイナンシャル心理学の権威である2人の研究結果、そしてアメリカのカンザス州立大学の研究チームがまとめた資料。ここに、海外のさまざまな文献、日本のデータ、私の知識と経験も大いに加え、令和を生きるすべての人が、「金持ち体質になれるメソッド」に仕上げました。正しいマネースクリプトを身につけて金持ち体質になる方法に、科学的にアプローチしていきます。

同じような経歴なのに、なぜ収入や貯金の格差が生まれるのか。その答えが分かります。

本書は、次のような悩みを抱えている人に向けて書きました。

- 努力しても思うようにお金が貯まらない
- 投資の本や自己啓発本をたくさん読んだけど、収入も貯蓄額も変わっていない
- 衰退していく日本においてお金の不安は大きいが、何をしていいか分からない

あなたがこのような悩みを抱えている原因は、「歪んだマネースクリプトを持っているから」と、あえて断言させてください。正しいマネースクリプトを身につける方法は、学校では教えてくれませんし、自己啓発本にも書かれていません。あなたのマネースクリプトが歪んでいるのは、当然のことと言えるのです。

あなたに刷り込まれたマネースクリプト

そもそも、あなたのマネースクリプトはどのようにして作られたのでしょうか？

学校の授業？
今まで読んできた書籍？
お金にまつわる過去の経験？
テレビや新聞などのマスメディア？

最も影響を受けているのは「環境」です。特に、親、養育者、近しい親族からの影響を強く受けています。たとえば、養育者から次のようなマネースクリプトを受け継いでしまった人は、現在、貧乏体質でお金に苦しんでいることでしょう。

❌お金があれば問題は解決する
❌お金について語ることは行儀が悪いことだ
❌真面目に働いてさえいれば、お金は自然と入ってくる
❌少ないお金で生活することこそが正義だ
❌人生は短いので、先のことは考えずに今を楽しむべきだ
❌真面目な人格者になればお金に困ることはない
❌他人のために気前良くお金を使うのはいいことだ

どうでしょう。ドキッとした人も多いのではないでしょうか。

このようなマネースクリプトを持っていると、お金がなぜか貯まらなかったり、病的なギャンブルをして破産したりと、貧乏体質まっしぐらです。

厄介なのは、日本人は正しいお金の教育を受けていないこと。大半の日本人のマネースクリプトはどこか歪んでいます。歪んだ状態で子どもにも教育するので、当然ながら子どものの考え方も歪んでしまいます。少し怖い言い方をすると、**歪んだマネースクリプトを正**

しておかないと、自分だけでなく、子どもをも破滅の道に誘い込んでしまう可能性があるのです。

どんどんお金が減る状況を自分で阻止する

皆さんもご承知の通り、日本は衰退しています。何も考えずに日々を過ごしていると、残念ながらお金はどんどん減っていくでしょう。国税庁や財務省の資料には、次のデータが掲載されています。

- 平均年収：1997年が467万円、2020年が433万円（△34万円）
- 税金と社会保険料の負担率：1997年が36・3％、2022年が47・9％（▲11・6％）

平均年収は下がっているにもかかわらず、税金と社会保険料の負担率は大きくなっているため、当然ながら手取り収入は下がっています。この状況でお金を貯めろというほうが酷な話。

事実、金融広報中央委員会の資料によると、「金融資産ゼロ」の割合は日本人全体の25・

8%にのぼり、20代に絞ると38・5%という数値（2021年時点）。さらに20歳以上70歳未満の単身者に絞ると、保有資産の中央値は50万円（2020年時点）とのこと。

衝撃的な結果ですが、前述した「平均年収」の推移と「税金と社会保険料の負担率」を見ると、この結果になるのも納得です。

残念ながら、この状況をいくら嘆いたところで何も変わりません。結局は自分の身は自分で守る必要があります。だからこそ、歪んだマネースクリプトを正し、お金持ちの思考法を手に入れる必要があるのです。

ゲーム感覚でマネースクリプトを正す

「マネースクリプト」と聞くと、とっつきにくい印象を受けるかもしれません。でも、大丈夫です。楽しみながら、金持ち体質になりましょう。

第1章では、簡単な診断テストをします。あなたがお金に対してどんな考えを持っているのか、どんな思い込みがあるのか、つまり「あなたのマネースクリプトの傾向」を知ってもらいます。

第2章では富をもたらす8つのマネースクリプトについて解説します。ここでお金持ちの思考法を頭に入れましょう。

第3章では、あなたを破産に導く貧乏マネースクリプトを知ってもらい、その考え方をどんどん壊していきます。「この考えに陥っているかも……」と、自分に照らし合わせながら読み進めてください。あなたのマネースクリプトは、気持ちがいいくらい、書き換えられていきます。

巻末には特典として、**歪んだマネースクリプトを正しく書き換えるための「ワーク」**を付けています。第3章までで、十分あなたのマネースクリプトは書き換えられています。さらに、ワークを行うことで、あなたの潜在意識にまでこびりついた貧乏体質を一掃します。6つのワークを用意しましたが、ぜんぶ行わなくても大丈夫。空いている時間に、楽しみながら興味のあるワークに挑戦してみましょう。

本書を読んだ後、あなたのマネースクリプトは劇的に改善され、金持ち体質になっていることを約束します。

ブックデザイン　山之口 正和＋齋藤 友貴（OKIKATA）
編集協力　中村昌弘（なかむら編集室）
ＤＴＰ・図版　向阪伸一（ニシ工芸）
校正　玄冬書林
編集　中島元子（KADOKAWA）

第3章 REWRITING 貧乏マネースクリプトを金持ちマネースクリプトに書き換える

特典

WORK
マネースクリプトワーク6

本書の使い方

金持ち体質になるまでの4ステップ

本書を徹底活用して、金持ち体質になるための4ステップです。ページにマーカーを引いたり、付箋を貼ったり、あなた仕様に育てていきましょう。手元にずっと置いて、何度も読み返すことをおすすめします。

1 TEST

テストで自分のマネースクリプトを知る

まずは自分のマネースクリプトの傾向を診断します。簡単なテストなので、楽しみながら取り組みましょう。最初に自分の傾向を把握しておくだけで、カラーバス効果※が働き、インプットが劇的に深まります。

※自分に関係する特定のことやものが、自然と目に入りやすくなる心理

2 INPUT

金持ち体質の人のマネースクリプトをインプットする

人間が1日に選択する回数は、3万5000回。金持ち体質の人は、3万5000回すべてで「お金が貯まる」選択を無意識にしています。まずは金持ち体質の人の行動を真似するだけでも、効果が出ます。

3 REWRITING

貧乏マネースクリプトを金持ちマネースクリプトに書き換える

貧乏マネースクリプトを、気持ちがいいくらいどんどん壊し、金持ちマネースクリプトに書き換えていきます。1の診断テストの結果を見ながら、「要注意」と書かれている項目を重点的に読みましょう。

4 WORK

人生に悩んだらワークをやって、揺るぎないマネースクリプトを手に入れる

「基本のワーク」「お金への不信感がある人のワーク」など目的別に6つのワークがあります。自分がピンときたものから取り組んでください。1つのワークをやるだけでも、思考の変化を実感できます。

第 1 章

TEST

マネースクリプト
診断テスト

自分のマネースクリプトを知ろう

第1章では、自分のマネースクリプトを知ってもらいます。マネースクリプトとは、お金に対する考え方や思い込み（マインドセットのお金版）のこと。歪んだマネースクリプトを正すために、まずは自分自身のタイプを知る必要があるのです。

これから紹介する診断テストは、ファイナンシャル心理学の専門家であるブラッド・クロンツ博士とテッド・クロンツ博士が開発したマネースクリプトのテストを、カンザス州立大学の研究チームの協力でさらにブラッシュアップしたもの。

32個の質問をピックアップしたので、直観で答えてください。

マネースクリプトを形成する要素は、自分を取り巻く環境。特に親、養育者、近しい親族からの影響です。つまり外的要因が強いため、ひとりでいくら考えても自分のマネースクリプトを浮き彫りにするのは難しい。だから診断テストを受ける必要があります。心理テストのような内容なので、楽しみながら取り組めるでしょう。

マネースクリプト4分類

マネースクリプトを大まかに分けると、次の4つのタイプがあります。

■**金銭忌避**：お金は汚いもの。人間は質素に暮らすべきでお金に近づくのは良くない
■**金銭崇拝**：お金があれば自由になれる。お金があれば幸せになれる
■**金銭地位**：お金こそが人間の地位を表している。お金を持っている人が偉い
■**金銭警戒**：お金を使うことを警戒する。お金はなるべく貯めるものである

この4つのタイプを見て、「いやいや、ここまで極端に考えてないから、どれも該当しない」と思った人もいるでしょう。しかし、誰もが近しい考え方を持っている可能性があります。その傾向を探るためのテストです。

たとえば、診断テストの結果、あなたのマネースクリプトは「金銭忌避の傾向がややあ

る」だったとします。このタイプの人は「お金は汚いもの。人間は質素に暮らすべきでお金に近づくのは良くない」と考えています。

しかし、実際にはここまで考える人は金銭忌避の傾向が非常に強い人。「傾向がややある」程度であれば、「お金にガツガツするのは下品なこと。稼ぐ方法を学ぶ必要はないし、投資も必要ない」くらいの考えでしょう。点数によって良し悪しが決まるものではなく、自分の傾向を知ることが、このテストの目的です。

また、大事なのはバランスがいいかどうか。たとえば金銭警戒の傾向が強い人は、お金を使うことへの警戒心が強すぎるため「使うべきとき」に使えないことがあります。一方、金銭警戒の傾向が弱い人は、警戒心が弱すぎるため「不要なもの」にお金を使ってしまうことがあります。

「ある傾向が強いからダメ、弱いからいい、というわけではない」ということだけ、頭に入れておくといいでしょう。

それでは、テストを始めます。

マネースクリプト診断テストのルール

■ひとつの質問に対し、次のように点数を書いていってください。

1＝完全に反対
2＝反対
3＝少し反対
4＝少し賛成
5＝賛成
6＝完全に賛成

■(例)「お金がたくさんあれば幸せになれる」という設問があります。この考えにやや反対なら3点、完全にその通りだと思うなら6点と記入欄に書きます。

■繰り返しテストを受けられるように、記入欄は複数個あります。

マネースクリプト診断テスト

		点数	2回目以降の記入欄			
1	人よりたくさんのお金を持つのは良くない					
2	お金持ちは欲深い					
3	人は他人を利用してお金持ちになるものだ					
4	私はお金を稼ぐに値しない人間だ					
5	善良な人はお金のことを気にしてはいけない					
6	お金持ちが善人でいるのは難しい					
7	お金が少ないほど人生はいいものになる					
8	お金は人を堕落させる					
9	お金持ちになるということは、昔からの友人や家族と疎遠になるということだ					
■	1〜9問の合計点					
10	もっとお金があれば、物事は良くなるだろう					
11	お金がたくさんあれば幸せになれる					
12	貧しいまま幸せになるのは難しい					

1点＝完全に反対　2点＝反対　3点＝少し反対　4点＝少し賛成　5点＝賛成　6点＝完全に賛成

13	お金はいくらあっても足りない
14	お金は力だ
15	お金は私の問題をすべて解決してくれる
16	お金で自由を買うことができる
■	10～16問の合計点

17	お金を持つに値しない人間だから、貧乏人なのだ
18	愛とお金を同時に得ることはできない
19	何かを買うときは新品しか買わない（車や家など）
20	貧しい人は怠け者だ
21	お金は人生に意味を与えるものだ
22	私の自己価値は、私の純資産（貯金や金融資産など）に等しい
23	最高と判断できないものは、買う価値がない
24	人間の成功は稼いだお金の額で決まる
■	17～24問の合計点

1点＝完全に反対　2点＝反対　3点＝少し反対　4点＝少し賛成　5点＝賛成　6点＝完全に賛成

		点数	2回目以降の記入欄			
25	自分の貯蓄額や収入を他人に教えてはいけない					
26	他人に貯蓄額や収入を尋ねるのは間違っている					
27	お金は使うものではなく、貯めるものだ					
28	将来トラブルが起きたときのために貯金をすることは重要だ					
29	人間はお金のために働くべきであり、他人から経済的に保護されるべきではない					
30	もしものときのための十分な貯金があるか、気になってしょうがない					
31	たとえ時間がかかっても、何かを買うときには常に最良のものを探すべき					
32	自分のためにお金を使うのは贅沢だ					
■	25〜32問の合計点					

診断結果記入欄

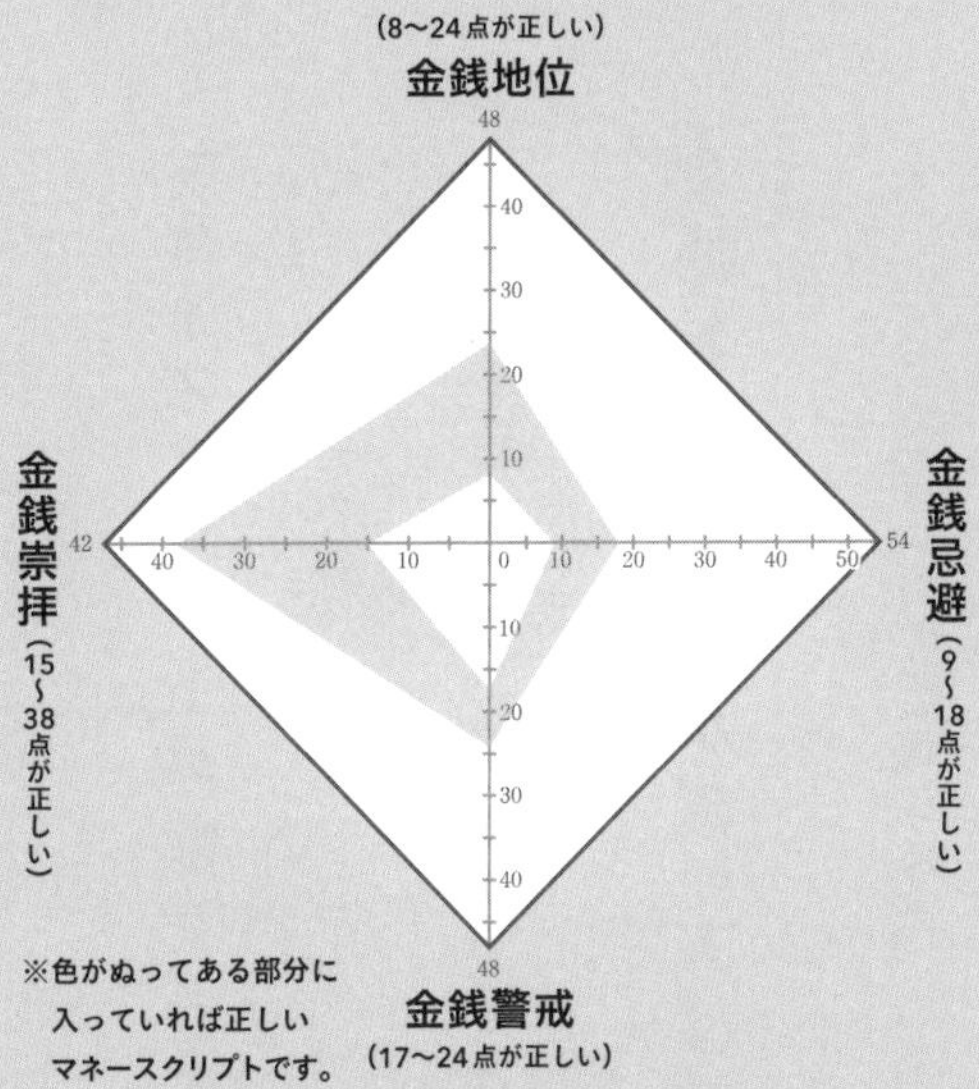

※色がぬってある部分に入っていれば正しいマネースクリプトです。

●金銭忌避の度合い（1～9問の合計点）	●金銭崇拝の度合い（10～16問の合計点）	●金銭地位の度合い（17～24問の合計点）	●金銭警戒の度合い（25～32問の合計点）	診断日
				/
				/
				/
				/
				/

記入見本（DaiGoの場合）

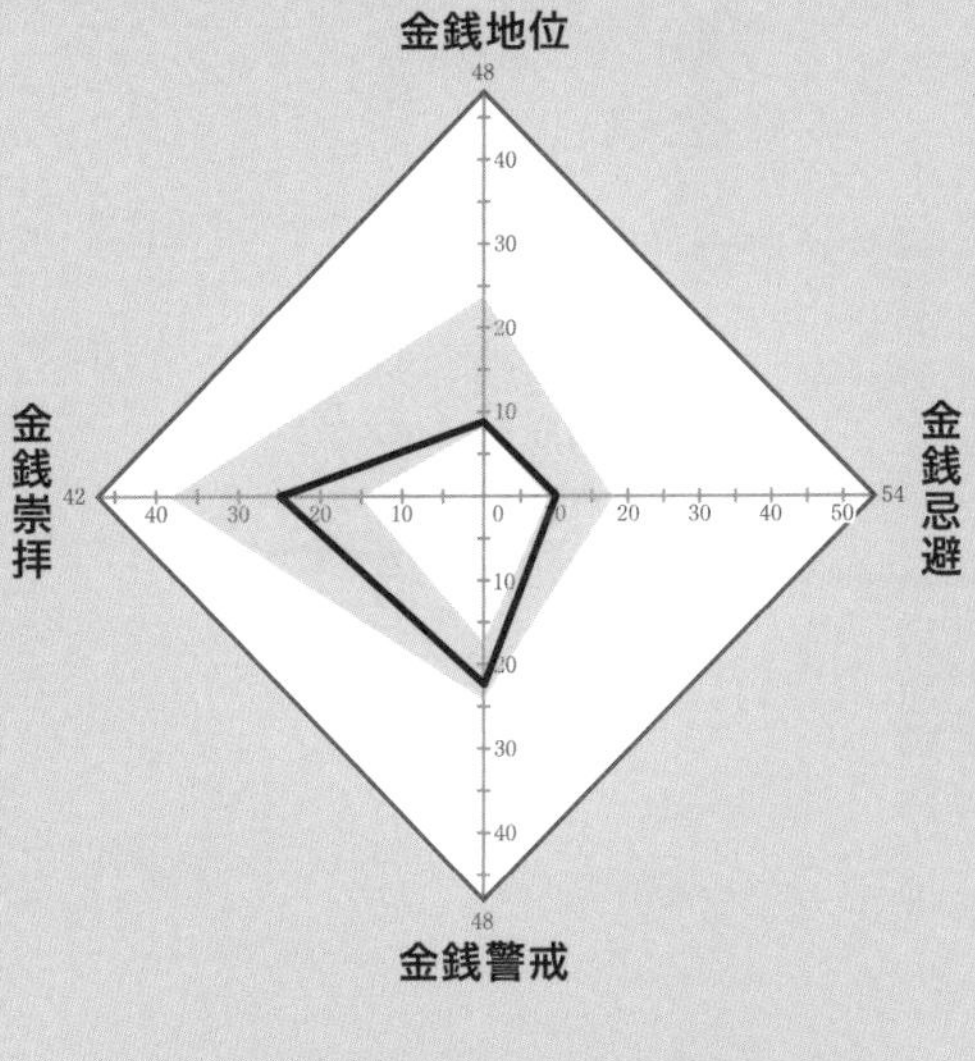

●金銭忌避の度合い（1～9問の合計点）	●金銭崇拝の度合い（10～16問の合計点）	●金銭地位の度合い（17～24問の合計点）	●金銭警戒の度合い（25～32問の合計点）	診断日
10	25	9	22	2023 8/22
				/
				/
				/
				/

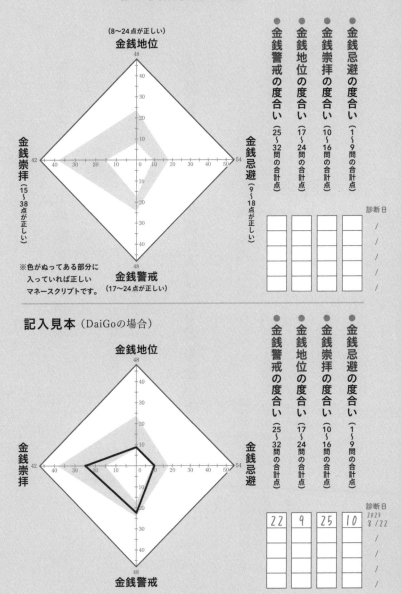

マネースクリプト診断テスト結果

診断テスト、おつかれさまでした。ここからは、点数によってどんな傾向があるのかを詳しく解説していきます。P33の結果を見ながら、読み進めましょう。

金銭忌避の傾向が強い人は「お金を使いすぎる」

まず金銭忌避について解説します。結論から言うと、**金銭忌避の度合いを表す質問1〜9の合計点は、低いほうがいい**です。点数が高いとお金を過度に嫌う傾向があるため、知らず知らずのうちにお金から遠ざかってしまい、結果的にお金が貯まらないからです。点数による傾向の違いは次の通り。

□9〜18点：金銭忌避の傾向はない（正しいマネースクリプト）

□19〜27点：金銭忌避の傾向がややある
□28〜36点：金銭忌避の傾向が強い
□37〜54点：金銭忌避の傾向が非常に強い

□金銭忌避の傾向はない（9〜18点）

あなたにデメリットはありません。お金を過度に嫌う「金銭忌避」の傾向が強いと、お金が貯まりにくかったり、支出が過剰になったりします。金銭忌避の傾向が弱いのは、正しいマネースクリプトを持っているということ。点数が低かった人は、金銭忌避に関しては問題ないと言えるでしょう。

□金銭忌避の傾向がややある（19〜27点）

金銭忌避の傾向がややある人は、お金の問題について他人と話すことを嫌います。たとえば、友人と食事をしているときに、軽く収入の話を振られるだけで嫌がったり、パートナーとお金について話し合うことを避けたりと、お金の話を遠ざけます。その無意識の行動により、お金に関する情報が入ってこなかったり、家計の収支をつけなかったりするので、結果、お金が貯まりづらくなるのです。

金銭忌避の傾向がややある人は、積極的にお金について勉強しましょう。お金に対してやや嫌悪感を抱いている状態なので、能動的に情報をキャッチする必要があります。

□金銭忌避の傾向が強い（28〜36点）

金銭忌避の傾向が強い人は、他人とお金の話をしないどころか、自分のお金からも目を背ける傾向があります。「金銭忌避の傾向がややある」人よりも、さらに家計の収支、将来の蓄えを考えようとしません。

お金が嫌いであるがゆえに、自らお金を遠ざけます。お金の正しい使い方が分からない、ムダづかいが増える……といった具合に、いつまで経ってもお金は貯まりません。「収入がいくらで、何にお金を使っているのか」、毎月の収支を知ることから始めましょう。

□金銭忌避の傾向が非常に強い（37〜54点）

金銭忌避の傾向が非常に強い人は、病的に支出が多くなるため早急にマネースクリプトを改善する必要があります。たとえば、借金をしてまでブランド物を買ってしまったり、ブランド物を質に入れて別の高価な物を買ってしまったりと、「衝動買いを通り越したお金の使い方」をしてしまいます。

第2章以降で要注意に「金銭忌避の傾向が強い」が含まれるスクリプトの文章を、マーカーを引いたり付箋を貼ったり、何度も読むことをおすすめします。

金銭崇拝の傾向が強い人は「稼ぎやすいがバランスを崩しやすい」

金銭崇拝の傾向について解説します。結論から言うと、**金銭崇拝の度合いを表す質問10〜16の合計点は、15〜38点の範囲内に収まるのが理想**です。金銭忌避と違い、点数が高いからダメと言うわけではなく、低すぎても問題と言えます。点数による傾向の違いは次の通りです。

- □7〜14点：金銭崇拝の傾向はない
- □15〜30点：金銭崇拝の傾向がややある（正しいマネースクリプト）
- □31〜38点：金銭崇拝の傾向が強い（正しいマネースクリプト）
- □39〜42点：金銭崇拝の傾向が非常に強い

□金銭崇拝の傾向はない（7～14点）

金銭崇拝は「お金があれば自由になれる」「お金があれば幸せになれる」という考え方です。金銭崇拝の傾向が強いほどお金を稼ぐ意欲は高いので、自由や幸せを手に入れるために努力ができます。

金銭崇拝の傾向がない人は、「お金を稼いでも幸せと自由は手に入らない」と考えがちなので、お金を稼ぐ意欲が低くなりやすいでしょう。

□金銭崇拝の傾向がややある～強い（15～38点）

金銭崇拝の傾向がややある人、あるいは強い人は、正しいマネースクリプトを持っています。金銭崇拝の点数とお金を稼ぐ意欲は直結しているため、15～38点くらいであればバランスがいいです。

ただし、金銭崇拝の傾向がない人に比べると、支出が多くなったり、仕事を優先しすぎたりします。お金を稼ぐことが自分の自由と幸せにつながると考えているため、仕事に没頭してしまい、その反動で支出が多くなりやすいからです。

□金銭崇拝の傾向が非常に強い（39～42点）

金銭崇拝の傾向が非常に強い人は、お金を稼ぐことに貪欲です。仕事を優先しすぎるあまり、仕事とプライベートのバランスを崩しやすくなります。家庭がある方は、家庭を顧みずに仕事に打ち込んでしまうリスクがあるでしょう。

このタイプの人は「お金があれば自由と幸せを手にできる」という考えが強いため、お金に依存する傾向があります。極端な例だと、人を騙してお金を稼いだり、生活が困窮するレベルの投資をしたりしやすいので、注意が必要です。

金銭地位の傾向が強いと「『見栄』のための支出が多い」

金銭地位の傾向について解説します。**金銭地位の度合いを表す質問17〜24の合計点は、8〜24点が正しいマネースクリプト**です。金銭地位の点数が高いと、地位や名誉のためにお金を使ってしまう傾向があるため、本質的とは言えない支出が多くなります。点数による傾向の違いは次の通りです。

□8〜16点：金銭地位の傾向はない（正しいマネースクリプト）

□17～24点：金銭地位の傾向がややある（正しいマネースクリプト）
□25～32点：金銭地位の傾向が強い
□33～48点：金銭地位の傾向が非常に強い

□金銭地位の傾向はない～ややある（8～24点）

金銭地位の傾向がない人、あるいはややある人は、正しいマネースクリプトを持っています。金銭地位の傾向が強いと、自分の地位を守るための「ムダな支出」が増えやすいもの。たとえば、他の人よりも財力があることを示すためにブランド物を購入したり、見栄を張るために高級車を購入したりするなどです。このような支出のすべてが悪いとは言いません。ある一定レベルまでは許容範囲でしょう。しかし、この傾向が強い人ほどムダな支出が多くなるのは事実なので、24点以下が望ましいです。

□金銭地位の傾向が強い（25～32点）

金銭地位の傾向が強い人は、自分の地位を高く見せるための「本質的ではない支出」が増えます。本質的ではない支出というのは、他人に自慢したり、自分の地位を上げたりするための支出のこと。

たとえば、SNSにアップするためだけに新製品を次から次に購入したり、知人が時計を買ったので自分も負けじと時計を買ったりという支出です。周囲と比較することで満足感を得られるものを「地位財」と言います。物だけでなく社会的地位や所得など、形のないものも含みます。

地位財をいくら所有しても幸せにはなれません。得られるのは一時的な満足感だけ。長期的に見れば単なるムダづかいです。

□金銭地位の傾向が非常に強い（33〜48点）

金銭地位の傾向が非常に強い人は、家族や友人に言えない支出が増えます。

たとえば、先輩としていいところを見せたいからという理由で、会社の後輩を10人誘って、高いお店へ飲みに行ったとしましょう。まさにこれは、地位財を取得するための支出です。「後輩に自分の力やセンスを見せつけたいから、予算オーバーでも高いお店を選んだ」とは、家族には言えないはずですし、自分自身でも認めたくないはずです。金銭地位の傾向が非常に強いと、このような「人に言えない支出」が増えるのです。

金銭警戒の傾向が強いと「お金を貯めることが目的になる」

最後に、金銭警戒について解説します。**金銭警戒の度合いを表す質問25〜32の合計点は、17〜24点が正しいマネースクリプト**です。点数が低いとお金を使いすぎてしまい、高いと必要な出費さえも抑えてしまう傾向があります。点数による違いは次の通りです。

- □8〜16点：金銭警戒の傾向はない
- □17〜24点：金銭警戒の傾向がややある（正しいマネースクリプト）
- □25〜32点：金銭警戒の傾向が強い
- □33〜48点：金銭警戒の傾向が非常に強い

□金銭警戒の傾向はない（8〜16点）

金銭警戒の傾向がない人は、お金を使うことへの警戒心や恐怖心がありません。「金は天下のまわりもの」と言わんばかりにお金を使ってしまいます。「高収入だからいくら使ってもいい」という考え方では破産へまっしぐらです（芸能人でこのタイプのマネースクリプトを持つ人を何人か知っています）。当然、警戒心は持ったほうがいいでしょう。

□金銭警戒の傾向がややある（17〜24点）

金銭警戒の傾向がややある人は、正しいマネースクリプトを持っています。金銭警戒の傾向が強すぎると必要なことに対してもお金を使えなくなりますが、「傾向がややある」くらいの人はバランスがいいと言えるでしょう。

このタイプの人は、お金を使うことへの警戒心や恐怖心がほど良くあるため、不要な物は買いません。一方、警戒心が過剰に強くないので、本当に必要なときにはお金を使えます。金融投資や自己投資など、自分に必要なことにはお金をかけられるため、お金が貯まりやすいでしょう。

□金銭警戒の傾向が強い（25〜32点）

金銭警戒の傾向が強い人は、「本当に必要な出費」さえも抑えてしまいます。たとえば、金融投資や自己投資が必要だと感じていても、お金を使うことへの恐怖心が勝ってしまうため、結局何もできません。

「必要なときにお金を使えない」という点においては、金銭忌避の傾向が強い人と似ていますが中身が異なります。金銭忌避の傾向が強い人は、お金を自ら遠ざけてしまうため、そもそもお金の使い方を知りません。つまり、「金融投資や自己投資をしよう」とすら思わないということ。

一方、金銭警戒の傾向が強い人は、お金への警戒心は強いものの、過度に嫌っているわけではありません。金融投資や自己投資を検討はします。しかし、お金を使うことへの恐怖心が強いため、結局はチャンスを逃してしまうのです。

結果的にお金を使えないという点においては同じですが、使えない理由が異なる点は覚えておきましょう。第2章以降で、マネースクリプトを書き換えるときの重要なポイントになります。

□金銭警戒の傾向が非常に強い（33～48点）

金銭警戒の傾向が非常に強い人は、貯蓄への意識が高すぎるため、必要なときにお金を使えません。

たとえば、将来的にお金が増えることは理解しているのに投資をしない。あるいは、教育資金や、大切な人へ贈るプレゼントなど、お金をかけるべき場面でケチってしまうこともあります。これでは何のためにお金を貯めているのか分かりません。金銭警戒の傾向が強すぎると、使うべきときにお金を使えないため、結果的にお金を増やすチャンスを逃します。大切な人から、人格を疑われるようなことも起こりえるでしょう。

歪んだマネースクリプトを可視化しよう

ここまでで、自分のマネースクリプトの傾向が見えてきたと思います。次のページに、点数の一覧表をまとめておくので、もう一度自分のマネースクリプトを見直してみましょう。一覧表で「×」がついている箇所が、最優先で正すべきマネースクリプトです。

たとえば、金銭忌避の傾向が非常に強い人は「×」になっているので要注意。お金を嫌いすぎることによって、ムダな出費が多くなったり、投資や副業など「お金を稼ぐこと」から目を背けたりする可能性があります。そうなるとお金はなかなか貯まらないため、金銭忌避に起因するマネースクリプトを重点的に改善しましょう。

マネースクリプト点数早見表

点数	金銭忌避 (1〜9問)	点数	金銭崇拝 (10〜16問)
9〜18	○(正しい)	7〜14	△(改善の余地あり)
19〜27	△(改善の余地あり)	15〜30	○(正しい)
28〜36	△(改善の余地あり)	31〜38	○(正しい)
37〜54	×(要改善)	39〜42	△(改善の余地あり)
点数	金銭地位 (17〜24問)	点数	金銭警戒 (25〜32問)
8〜16	○(正しい)	8〜16	△(改善の余地あり)
17〜24	○(正しい)	17〜24	○(正しい)
25〜32	△(改善の余地あり)	25〜32	△(改善の余地あり)
33〜48	×(要改善)	33〜48	×(要改善)

私の点数はすべての傾向で「正しい」という評価です（P33参照）。しかし、最初から正しいマネースクリプトを持っていたわけではありません。本書で解説する内容を実践することで、歪んだ考えを少しずつ正していったのです。

私のように、お金に関する考え方は誰でも書き換えられます。診断テストは、人生で何度でも行ってください。そのために、解答欄を複数作っています。

たとえば、

①この本を読み終わってから（読む前と点数が変わっていて、驚くはずです）

②転職を考えているとき（正しいマネースクリプトで、給与交渉をしてください）

③臨時収入が入りそうなとき（「あぶく銭だから」と、ムダな出費をしようとするのは、典型的なマネースクリプトの歪みから起こるもの）

④ライフスタイルが変わるとき（投資や貯蓄を考え直す良いタイミングです）

このようなタイミングです。

次章は、「富をもたらす8つのマネースクリプト」です。金持ち体質の人が持つマネースクリプトを頭に入れていきましょう。

第2章

INPUT

富をもたらす
8つのマネースクリプト

金持ち体質の土台を作る

第1章の診断テストによって、自分のマネースクリプトの傾向が分かったと思います。お金の教育をしない日本では、正しいマネースクリプトを持っている人のほうが少ない。ですから、歪んでいること自体に不安を覚える必要はありません。ここから、マネースクリプトを正しく書き換えていきましょう。

第2章では、「富をもたらすマネースクリプト」を8つ紹介します。金持ち体質の人はどんなマネースクリプトを持ち、日々どんな行動をしているのか。科学的根拠のあるアプローチから、金持ち体質の人の思考や行動を言語化していきます。

金持ち体質になるには、次のステップを踏む必要があります。

①自分のマネースクリプトを知る
②金持ち体質の人が持つマネースクリプトを知る
③①と②を踏まえた上で「正しいマネースクリプト」に書き換えていく
④潜在意識にまでこびりついた貧乏体質を一掃する（ワークを行う）

第2章はステップ2に当たります。あまり深く考えずに、金持ち体質の人の行動を真似するだけでも、効果が得られるはずです。

なお、ここで紹介する金持ち体質の人とは、上場企業の社長やテレビタレントなどとして成功した人のことではありません。彼らがお金持ちになったルートは特殊なので再現性は低いでしょう。

そうではなく、あなたの隣にいる「同じような経歴」のビジネスパーソンのことです。お金の不安がなく、豊かに暮らしている人。堅実に投資をしてコツコツと増やした人。周りの「人」や「環境」に振り回されず、本当に価値のあるものにお金を使ってきた人。

彼らの行動は、再現性が高いのです。

運は一切関係なく、必ず富を築けるマネースクリプトを紹介していきます。

富をもたらすマネースクリプト 1

貯金は大切だ

要注意

金銭忌避の傾向が強い、金銭地位の傾向が強い、金銭警戒の傾向が弱い

富をもたらすマネースクリプトのひとつ目は、「貯金は大切だ」です。さらに細かく言うと「万が一のために貯金をし、堅実な投資も行い、コツコツ増やすことが大切だ」という考え方です。

「万が一のために貯金をしたり、堅実な投資をしたりするのは当たり前」と思った人もいるでしょう。**ではなぜ、当たり前と思っているのに、ほとんどの人はお金が貯められないのでしょうか。その理由は「節約」が抜け落ちているからです。**

「自己投資」より「節約」が重要

節約するよりも「お金を稼ぐ」ことを重視している人は多いでしょう。ビジネスで成功

した人の中には「お金はどんどん自己投資に回そう」と主張する人は少なくありません。要するに、お金を増やすためには稼ぐことが大事であり、そのためにはお金をどんどん使って自己を成長させるべきという主張。

ここが落とし穴。これは、ビジネスパーソンが真似して再現性があるメソッドではなく、運の要素も絡んで成功した人の主張です。この方法でお金持ちになれる人はごくわずか。**お金を貯めるためには「稼ぐ」よりも「節約」するほうが大事**ということは、研究結果でも明らかになっています。

アメリカの富裕層研究の第一人者であるトマス・J・スタンリー氏とウィリアム・D・ダンコ氏が、１万人以上のミリオネアに対して、消費行動や資産の調査を行いました。その結果、稼ぐことよりも節約を優先している人が多かったそうです。

無意識で起こるムダづかい

節約する方法は実にシンプルで、「ムダづかいをしない」こと。

皆さんの中には「自分は節約している。ムダづかいはしていない」と思っている人も多いでしょう。しかし残念ながらその認識は間違いです。多くの人が節約している「つもり」になっているだけで、実際はムダづかいをしています。

コーネル大学の経済学者ロバート・H・フランク博士は、「節約の重要性を指摘されたときに、多くの人は『出費に気をつかっている』『これ以上の節約はできない』と答える。しかし実際に調査してみると、人間はムダな消費をしてしまう」と述べています。

つまり、多くの人は自分がムダづかいしていることに気づいていないだけということ。

では、具体的にどのように節約をすればいいか？　そのポイントは、ムダづかいを助長する次の4つの罠を知っておくことです。

ムダづかい4大トラップ

- ■トラップ①価値判断の基準値が他人：同調バイアス
- ■トラップ②支出増の連鎖に巻き込まれる：支出カスケード
- ■トラップ③目に見えない隠れたコストの発生：ハーティング現象
- ■トラップ④軍拡競争を目的とした支出：スノッブ効果

この4つのトラップの存在と対策を知っておくだけで、ムダな出費が抑えられます。

トラップ①　価値判断の基準値が他人：同調バイアス

ムダづかいを助長するトラップのひとつ目は、価値判断の基準値を他人に置くことです。周囲の「人」や「環境」によって支出は増減するため、何かを購入するときは周りに流されずに本質的な価値を見極めましょう。

「同調バイアス」という心理用語があります。「知らず知らずのうちに周囲の行動を参考にして、自分の行動を変えてしまう」という心理現象。同じ値段の商品やサービスでも、人によって「高い」と感じるか、「安い」と感じるかの違いを引き起こします。

会社員Aさんを例に挙げて同調バイアスを解説します。Aさんの同僚が毎晩のように飲み歩き、いつもタクシーで帰る人ばかりだったとしましょう。Aさんはそんな同僚たちのことを、別の会社にいる友人Bさんにこう話しました。

「彼らは飲みに行きすぎだし、気軽にタクシーにも乗りすぎだと思う。ぼくなんか週3回しか飲みに行かないし、タクシーも週に2回くらいしか乗らない。飲み代とタクシー代を合計しても月10万円しか使っていない。同僚たちは20万円も使っている。さすがに使いすぎでは……」

この話を聞いたBさんは、Aさんにこう言うでしょう。

「いや、君もお金を使いすぎだからね。ぼくは週1回くらいしか飲みに行かないし、タクシーも月1回使うかどうか。飲み代とタクシー代でも月2〜3万円くらい。それでも妻に『使いすぎ』と怒られている。君の同僚もお金を使いすぎだけど、ぼくからしたら君も同じようなものだよ」

同調バイアスによって同じ商品（飲み代やタクシー代）でも、その値段を高いと感じるか、安いと感じるかの差が出ています。Aさんの周りには、飲み代とタクシー代に月20万円も使う同僚が大勢いるため、Aさんは自分のムダづかいに気づけないのです。

この状況から脱出する方法は、**お金を使うときに支出以上の価値を得られるかどうかを考えること。**今回の場合は、飲み代とタクシー代に月10万円を使って、それ以上の価値を得られるかどうかを見極めます。

たとえば、飲み会に行くことで大きな仕事につながり、出世して年収が上がるなら、月10万円を支払う価値はあるでしょう。ただただ飲むだけで、大してストレス解消にもならず時間とお金を浪費するだけなら、月10万円はムダづかいです。

同調バイアスはすべての商品で起こり得ます。車でもパソコンでも洋服でもブランド品でも同じです。商品やサービスを購入するときは、周りの人や環境に影響されないように「本当にお金を出す価値があるのか？」を客観的に見極めましょう。

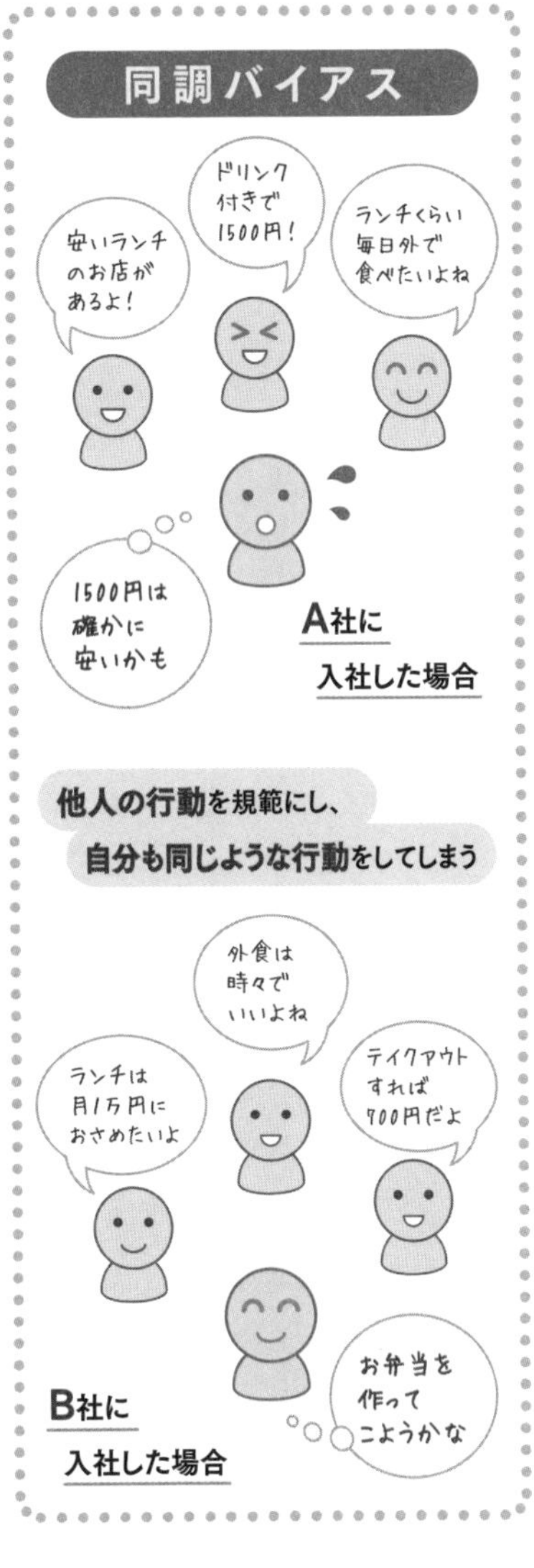
同調バイアス
安いランチのお店があるよ！
ドリンク付きで1500円！
ランチくらい毎日外で食べたいよね
1500円は確かに安いかも
A社に入社した場合
他人の行動を規範にし、自分も同じような行動をしてしまう
外食は時々でいいよね
ランチは月1万円におさめたいよ
テイクアウトすれば900円だよ
お弁当を作ってこようかな
B社に入社した場合

トラップ② 支出増の連鎖に巻き込まれる：支出カスケード

ムダづかいを助長するトラップの2つ目は、「支出カスケード」に巻き込まれることです。**支出カスケードとは、富裕層が支出を増やすと、連鎖的に一般層や所得の低い層にまで波及する現象のこと。**つまり、お金持ちが支出を増やすと、そうでない人の支出もいつの間にか増えてしまうのです。

たとえば、2023年に『アマンレジデンス 東京』という超高級マンションが、東京都港区麻布台に建設されます。価格は非公開ですが、最も安い部屋で17億円ほど、最も高い部屋で300億円近いと噂されるほどです。あまりに高価格なので「誰が購入するの？」と思う人もいるかもしれません。恐らく海外や日本の超富裕層が購入して、すぐに完売となるでしょう。ここから連鎖的に、富裕層、一般層、所得の低い層と波及していきます。

まず「超富裕層が数十億円以上のマンションを購入した」というニュースを聞いた富裕層は、支出カスケードの原理によって基準値が変わります。住宅の購入を検討していた富裕層が「当初は5億円の家を予定していたものを6億円にする」と予算を上げるのです。

富裕層の基準値が上がったことで一般層の基準値も上がり、所得の低い層にまで波及していきます。結果的にすべての層で、支出が多くなってしまいます。この一連の現象が支出カスケードです。

住宅以外の商品やサービスにも同じ現状が起こり得ます。よくある例としては、「Cさんがブランド物を買ったから私も買う」のように、身近な人から影響を受けて支出カスケードに巻き込まれるパターンです。人から人へ波及し、知らないうちに自分も巻き込まれるのが怖いところ。

巻き込まれないための対策は、まず支出カスケードの存在を知ること。そして、同調バイアス（P55参照）の場合と同じく、購入する商品やサービスの価値を見極めることです。具体的には、**今、持っているものと冷静に比較することによって、支出カスケードに巻き込まれようとしているかどうかを判断しましょう。**

たとえば、ブランド物の新しいバッグを買うときに、今持っているバッグの価格を思い出してください。新しいバッグが20万円で、今持っているバッグが2万円であれば、価格差は10倍です。

そのとき「果たして今使っているバッグと比べて10倍の価値はあるのか？」を考えて欲しいのです。仮に10倍の価値は感じられず、「仲のいい友人も高いバッグを持っていたから」「インスタで芸能人がブランドバッグコレクションを紹介していたから」などという考えが頭に浮かんでいるなら、支出カスケードに巻き込まれています。

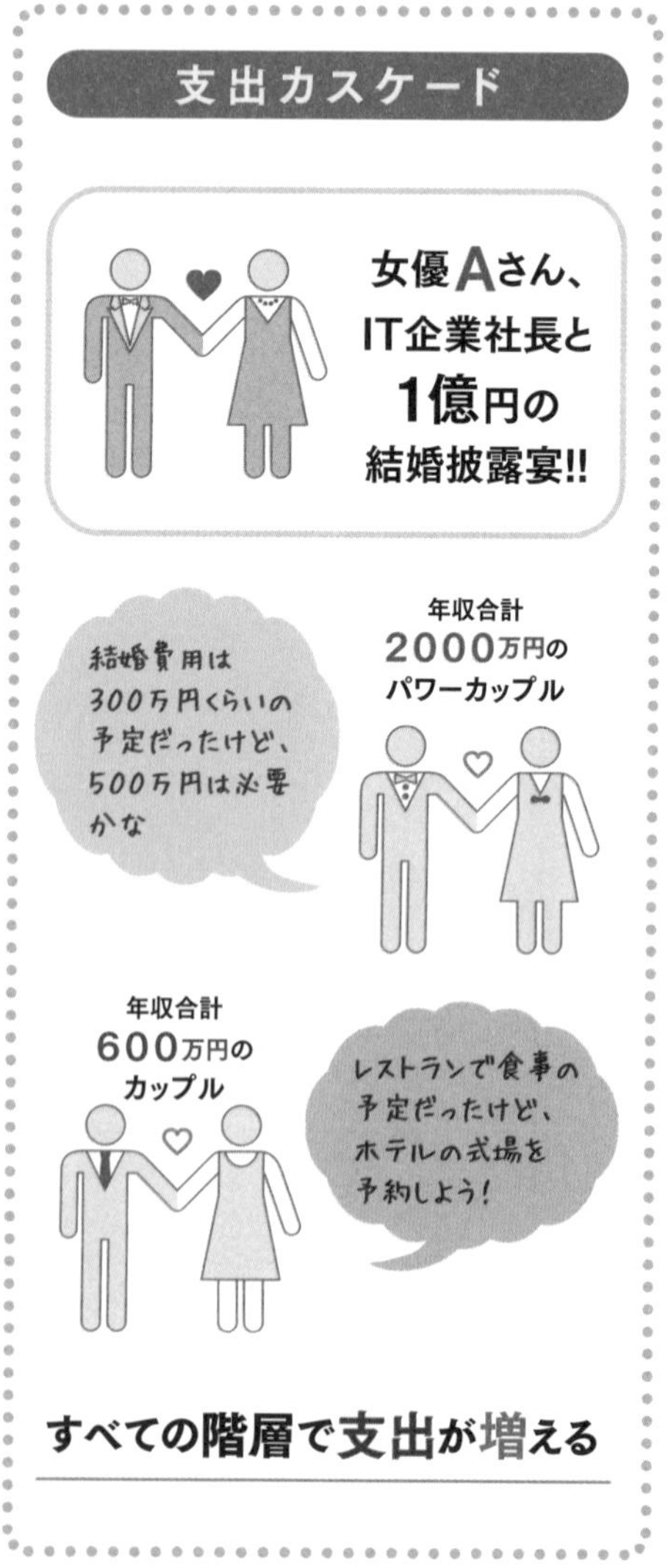

支出カスケード
女優Aさん、IT企業社長と1億円の結婚披露宴!!
年収合計2000万円のパワーカップル
結婚費用は300万円くらいの予定だったけど、500万円は必要かな
年収合計600万円のカップル
レストランで食事の予定だったけど、ホテルの式場を予約しよう！
すべての階層で支出が増える

トラップ③目に見えない隠れたコストの発生：ハーティング現象

ムダづかいを助長するトラップの3つ目は、目に見えない隠れたコストの存在です。このトラップについて解説する前に「ハーティング現象」という心理を解説します。**「ハーティング現象」とは、行動経済学で使われる用語。「周囲の人と同じ行動を取ることが安心感につながり、非合理的でも同調し、間違った方向に進んでしまう群集心理」です。**「赤信号みんなで渡れば怖くない」を作り出す心理状態と言えば分かりやすいでしょうか。

たとえば、東京都内で家を探しているAさんがいるとします。家を探し始めたころは、都心から離れた場所に4000万円前後の戸建てを検討していました。職場は都心にあるものの、Aさんは朝早く出勤するので電車も混んでいません。通勤がさほど苦ではないため都心に住む必要がないのです。小さい子どもがいるので、音の問題を考えると戸建てのほうがいいとも思ったとのこと。

しかし、会社の同僚や大学時代の同級生にいろいろ話を聞いたところ、「なんだかんだ便利だから都心のほうがいい。マンションも防音性に優れているから、戸建てを買う必要はないのでは？」と言われたそうです。Ａさんは彼らの影響を受けて、予算を５０００万円までアップして、都心に近い場所でマンションを買いました。

無意識のうちに、自分の意思ではなく他人に合わせて何かを買ってしまう経験は、皆さんもあると思います。これがまさにハーディング現象。

通勤や子どものことを考えると、Ａさんにとっては郊外の戸建てが最適解だったでしょう。しかし、友人や知人の影響によって予算を上げ、都心にマンションを買いました。

これだけでもお金が貯まらないのは頷けます。でも、実はもっと怖いのは「目に見えていない隠れたコスト」が発生したことです。

Ａさんは知人や友人に合わせたことで家の購入予算を上げました。今回は予算が１０００万円上がったので、住宅ローンの支払い（全期間固定、金利２％、借入期間30年）に換算すると、月々に支払うお金は３・７万円増えたという計算。月３・７万円は、「他に充てる予定だったお金を家の資金に回してしまった」とも言えます。子どもの教育費だったかもしれませんし、単純に生活費だった可能性もあります。

Aさんは3・7万円を補てんするために労働時間を延ばすことになるかもしれません。その結果、働きすぎによって身体を壊してしまえば、余計な医療費が発生します。あるいは、お金を増やすためにギャンブル的な投資にハマってしまい、さらにお金を失うリスクもあるでしょう。

ハーティング現象によって、ムダな支出が増えるだけではなく、「隠れたコスト」が発生したのです。

対策は非常にシンプルで、お金を使うときに「隠れたコスト」を考えることです。Aさんの場合は、他人に流されて予算を上げたことにより、「余計な医療費が発生する」「リスクの高い投資にハマってしまう」など、隠れたコストが発生しました。

- 他人に流されて不合理なものを買おうとしていないか？
- 目の前のものを購入した後どうなるのか？
- 目先の支出以外に自分にとって何かネガティブなことはないか？

この3つを意識するだけでハーティング現象の罠に陥らずに済みます。

トラップ④ 軍拡競争を目的とした支出：スノッブ効果

ムダづかいを助長するトラップの4つ目は、「スノッブ効果」です。**スノッブ効果とは、多くの人が持っているものを避け、希少性のあるサービスや商品を購入する心理のこと。**「自分は他の人とは違う。特別な人間だ」と知らしめたいがための、軍拡競争を目的とした支出です。言い換えると、「地位財」（P41参照）を手に入れるためにお金を払うことです。

たとえば、インフルエンサーと呼ばれる人たちが、会員制のレストランで、ひとり8万円のディナー代を払い「女子会」をしたとします。もちろん、食事を楽しむためなら問題ありません。そうではなく、SNSに上げて、周囲にアピールすることが目的なのであれば、まさしく軍拡競争を目的とした支出です。

他人より優位に立つこと（地位財の取得）を目的とした支出は歯止めがきかなくなるため、際限なくお金は減ります。たとえばスマートウォッチも、人によっては地位財になり得ます。

スマートウォッチを買った理由が、「機能に魅力を感じた。健康に気をつけたいので運動と睡眠の記録をつけたいから」「ちょうど時計が古くなったから」などであれば健全です。しかし、「人と差をつけられるから」という理由なら、地位財を取得するためのムダな買い物と言えます。

スノッブ効果にハマらないための対策は、「合理的に考えて、必要なものなのか」を判断すること。買いたい理由が「友人や知人より優位に立ちたいから」「自分だけが持っていないと引け目を感じるから」などであれば、軍拡競争を目的とした支出です。際限なくお金を使い続けてしまう上、「周囲に差をつけられている」と思っているのは自分だけということをお忘れなく。

金持ち体質の土台「節約→貯金（堅実な投資）」

「富をもたらすマネースクリプト1 貯金は大切だ」を簡単にまとめます。

金持ち体質の土台は、まず「節約→貯金（堅実な投資）」を行うことです。間違っても、**「自己投資→お金を稼ぐ」の思考にはハマらないようにしましょう。**金持ちであればあるほど、物の本質を見極め、ムダづかいを避けています。

富をもたらすマネースクリプト②

困っている人たちにギブする

要注意

全タイプ

富をもたらすマネースクリプトの2つ目は、「困っている人たちにギブする」です。お金をギブするというよりは、「相手に役立つ知見や情報を提供する」「相手に役立ちそうな人を紹介する」「相手が困っているときに助ける」などの意味です。

自分が持っているリソース（情報、労力、時間、人脈など）を相手にギブし、相手を幸せにすること。それが「困っている人たちにギブする」というマネースクリプトの本質です。

お金を稼ぐ ≒ 困っている人を助ける

「何をしてもいいから1年間で200万円を稼いでください」と言われたら、あなたはまず何をしますか？　恐らく、多くの人が「どんな副業が稼げるのか？」「どんな分野で起業すれば稼げるのか？」「何に投資すれば稼げるのか？」のように、お金を稼ぐ方法を考えるでしょう。

しかし、**考えるべきことは「稼ぎ方」ではありません。「困っている人はどこにいるのか」「自分が助けられることは何か」を、まず考えるのです。**

お金を稼ぐことの本質は、「困っている人を助けること」。きれいごとを言っているのではなく、大きな富を得ている人は「誰かに何かを与えている」が前提にあります。この点については、私を例に挙げると分かりやすいでしょう。

私は『Dラボ』という動画配信サービスで、次のようなコンテンツを提供しています。

- 疲れていても集中できる【没頭脳】の作り方
- 人間関係を最速で作る5つの極意～転職&転勤はもう怖くない～
- STOP！　後悔する転職の共通点
- ハーバード大学式【仕事の人間関係】を深める4ステップ

『Dラボ』のコンテンツは、悩みを持っている人に解決策を与えています。

なかなか集中できずに困っている人へ「没頭脳の作り方」。人間関係が悪く疲弊している人へ「ハーバード大学式の人間関係を深める方法」を解説しています。

おかげさまで、たくさんの方に、入会、継続していただいています。

もし私に「困っている人に何かを分け与える」という考えがなかったら、自分が喋りたいことを喋るだけの自分本位なコンテンツになっていたことでしょう。

本書でも「お金を貯めたいけどなかなか貯まらない。いろいろな書籍を読んだり、勉強もしたけど全く効果がない。どうしたらいいのか？」と悩んでいる人へ自分の知識・経験を分け与え、解決策を提示しています。

お金を稼ごうと思ったとき、「どんな副業が稼げるのか？」「どんな分野で起業すれば稼げるのか？」「何に投資すれば稼げるのか？」と考えるのは、自分本位なコンテンツを提供することと同じ。「困っている人はいないか」「自分は誰に対してどんなものを与えられるのか」を考えましょう。

あなたが分け与えられるものとは？

『Dラボ』はスタート時から、「困っている人に、自分ができる何かを与える」という点を強く意識していました。具体的には次の通りです。

■忙しくて書籍や論文を読む時間がない
⬇私が代わりに読んで情報を提供する
■難解な書籍や論文が理解できない
⬇私が代わりに理解して分かりやすく説明する
■理解できたとしても日常生活に活かせない
⬇日常に落とし込めるように言語化する

『Dラボ』のコンテンツは、書籍や論文の情報を分かりやすくまとめて、そこに私の経験則を交えて解説していくスタイルです。

本書も同じ構造。ファイナンシャル心理学の権威であるクロンツ親子の研究結果や文献、海外の研究チームがまとめた資料などを読み、私の経験則を交えて書いています。海外の文献を自力で大量に読むのは極めて困難でしょう。私が代わりに行うことで一種の「ギブ」になっているのです。

あなたも身近にいる「困っている人」を助けることができるはずです。たとえば

- ChatGPTを仕事に取り入れたいけど、試す時間がないビジネスパーソンがいる

⬇代わりにChatGPTを使い倒し、電子書籍にまとめる

- 経理処理が苦手なフリーランスの友人がいる

⬇元経理事務のスキルを活かし、代行業務を行う

など、「困っている人はどこにいるのか」、「自分が助けられることは何か」をセットで考えると、自分のやるべきことが見えてくるはずです。

ギブで発生するリスクの許容範囲

ギブには多少なりともリスクがあるのは事実です。「自分の何かを分けている」のだから、当然のこととも言えます。

私も『Dラボ』のコンテンツをつくるまでに、

- 研究結果や論文を読む時間
- 動画を撮影する時間
- 動画を編集する費用

などが発生します。

そもそも『Dラボ』のプラットフォームを構築する費用もかかっていますので、入会者が少なかったり、多くの人に解約されたりしたら、下手をすれば赤字になります。

「分け与える」以上、自分の時間やお金を一切使わず、誰にもギブせずにお金を稼ぐのはほぼ不可能と言えるでしょう。**ここで注意するべきなのは、ギブは大事だけど、「自分に悪影響を与えるようなギブは避ける」ことです。**

間違ったギブと負債の相関関係

「分け与える精神」は、負債の高さと相関関係があります。**ギブの精神が強すぎる人は負債も増えやすいのです。**

ペンシルベニア大学のアダム・グラント教授が出版した書籍『GIVE & TAKE』（三笠書房）によれば、人は次の3種類に分類されるそうです。

- **ギバー**（与える人）
- **マッチャー**（バランスを取る人）
- **テイカー**（搾取する人）

ギバーは「誰かに何かを分け与える人たち」のこと。マッチャーは「恩を受けたら恩を返す。何か嫌なことをされたら嫌なことを返す人たち」のこと。テイカーは「他人からのギブをもらってばかりで自分からは何も返さない（搾取する）人たち」のことです。**人口分布でいうと、ギバーは全体の25％、マッチャーは56％、テイカーは19％という構成。**

アダム・グラント教授が言うには、この中で最も成功するのはギバーですが、最も失敗するのもギバーだそうです。つまり、ギバーには2種類のタイプがいるということ。「失敗するタイプのギバー」が、「ギブの精神が強すぎる、負債も増えやすい」人に当たります。

トップギバーとボトムギバー

成功するギバーを「トップギバー」、失敗するギバーを「ボトムギバー」と呼びます。トップギバーとボトムギバーの違いは「自分だけが犠牲になるか否か」。トップギバーは相手も自分も得をするギブをしますが、ボトムギバーは相手だけが得をするギブをします。

たとえば、あなたとAさんが共同で立ち上げたプロジェクトが成功して、100万円の利益を得たとしましょう。

あなたがボトムギバーなら「私は30万円もらえればいいよ。Aさんは頑張っていたから70万円もらって」のように、正当な理由がない場合でも過剰に分け与えます。あなたのほうが稼働時間は長く、成果を上げていたとしても、このように言ってしまうのがボトムギバーです。

一方、あなたがトップギバーなら「この100万円で、一緒に新たなプロジェクトを立ち上げて、利益を300万円に増やそう。この話に乗ってくれるなら、利益が300万円に増えたときはあなたに200万円をあげる」という提案をします。

トップギバーは自分も相手も得になる提案をしています。一方、ボトムギバーは相手だけが得をする提案をします。幸運にも相手がトップギバー、あるいはマッチャーなら何か見返りをもらえることもあるでしょう。しかし、相手がテイカーなら搾取されて終わりです。それどころか、テイカーにつきまとわれる可能性すらあります。

ボトムギバーはギブしているにもかかわらず自分が損をしているのです。これが、「ギブの精神が強い人は負債も増える」ということ。「困っている人たちにギブする」というマネースクリプトは持つべきですが、あなたはトップギバーを目指しましょう。

富をもたらすマネースクリプト3

お金は自由を買うためのツール

要注意

金銭崇拝の傾向が強い、金銭地位の傾向が強い

富をもたらすマネースクリプトの3つ目は、「お金は自由を買うためのツール」です。**そもそも「お金で買える自由」とは何を指すのか。答えは、「選択肢の数」です。**

たとえば、会社の人間関係が嫌で転職したいと思っている場合、お金があれば、

- たとえ年収が一時的に下がっても、やりたいことができる会社へ転職する
- 時間に縛られず、今後どうするかをじっくり考える
- 会社から悪い評価を受けてもいいから上司と戦ってみる
- 得意な分野で起業をする

など、数多くある選択肢から、自分に合ったものを自由に選べるでしょう。

一方、お金がなければ、

■今いる会社に在籍し続ける
■年収が下がってしまう転職は避けたい
■とにかく早く転職先を決めないといけない
■上司と戦って気まずくなるのは嫌だ
■起業は怖くてできない

というように、選択肢がなく「不自由な状況」または「極端な行動を取らざるを得ない状況」に追い込まれます。

物事を長期的に考えられるスキル

ただし、お金はあくまでも自由を買うためのツールにすぎず、それ以上の幻想を抱くのは危険なこと。金銭崇拝の傾向が非常に強い人、金銭地位の傾向が強い人は、次のような考え方をしています。

✕お金を持っていればいるほど自分は幸せになれる（金銭崇拝の傾向が強い）
✕お金を持っていれば人から尊敬される（金銭地位の傾向が強い）

これらのマネースクリプトは、「お金を稼ぐために健康を犠牲にしてまで働く」「見栄のためにムダな買い物をする」といった、貧乏まっしぐらの行動を生みます。

短期的な視点に陥り、目先の利益に惑わされて結局損をするのです。

「短期的な視点で行動するからお金がなくなる→お金がないから選択肢がなく、不自由で極端な行動を取らざるを得なくなる→さらにお金がなくなる」の悪循環にハマります。

長期的に物事を考えられる人は、「健康を犠牲にしてまで働くことのリスク」「地位財を手に入れても無意味」ということを知っています。

一定のパフォーマンスを保つために休息を取りながら働くでしょうし、一時的に湧き上がる承認欲求のために高価な買い物をすることもありません。

「お金は自由を買うためのツール」という正しいマネースクリプトを持っている人は、「長期的に物事を考えられるスキルがある」ということです。

富をもたらすマネースクリプト4

楽しく働く

要注意

全タイプ

富をもたらすマネースクリプトの4つ目は「楽しく働く」です。当たり前の話ですが、一生懸命働くほど純資産は増えやすいですし、年収も上がりやすい。ある研究結果によると、お金持ちとそうでない人には次のような違いがありました。

- いつも連絡が取れる確率は、お金持ちのほうが5倍高い
- 夜勤や残業をする確率は、お金持ちのほうが4倍高い
- 休日に「ビジネスの場」にいる確率は、お金持ちのほうが3倍高い

お金持ちはそうではない人と比べて、常に「仕事」と向き合っています。

働き方の前提条件

「富をもたらすマネースクリプト3お金は自由を買うためのツール」の内容と、矛盾を感じるかもしれません。確かに、「楽しく働く」のマネースクリプトは、長時間働くことを推奨しているようなもの。働きすぎると身体を壊してしまうため「お金が貯まるどころか医療費などの支出が増えてしまう」というリスクがあります。

この2つのマネースクリプトは、

■ 会社や上司から強制的に働かされているのか

■ 裁量権を持ち、主体的に仕事をしているのか

という、前提条件が異なります。

「裁量権を持ち、主体的に仕事をしている」場合にのみ、一生懸命働くことが、金持ち体質につながるということです。

ブラック労働とは、会社の命令で嫌々やらされている労働のこと。この状態で仕事を続けると、心身を壊します（心当たりがある人は、「ヤバいマネースクリプト11ワーカーホリックマネースクリプト」〈P186〉を今すぐ読んでください）。主体的に働いている状態であれば、結果的に労働時間が長くても、身体を壊すリスクは低いでしょう（ただし、2~3時間しか睡眠時間を取れな

いような、極端な働き方ではないことはお忘れなく）。

今の職場を離れるか否かの基準

私は「楽しく働く」のマネースクリプトを持っています。つまり、主体的に仕事をしているということ。たとえば、『Dラボ』のコンテンツ制作や、書籍執筆のために、1日20冊～30冊の読書をしています。「読書をしている時間」を労働時間に加えると、週70時間はゆうに超えるでしょう。そこに苦痛はなく、何より楽しい時間です。

あなたも、「気づいたらNetflixで海外ドラマを10時間も見続けてしまった」という経験はありませんか？　これと同じ感覚で、富裕層は遊ぶように仕事をしているため、たとえ労働時間が長くなっても楽しく働けるのです。

もしあなたが主体的に働けず、常に「やらされている感」があるのなら、今すぐ転職の準備をすべきです。

ちなみに、あなたが会社経営をしている側なら、社員に裁量権を与え、主体的に働いてもらう体制を作ることをおすすめします。これは部下に仕事をふるときでも同じ。自ら働いてもらったほうが、大きな成果が出るでしょう。

富をもたらすマネースクリプト5

私はお金を持つことに値する人間だ

要注意 全タイプ

富をもたらすマネースクリプトの5つ目は「私はお金を持つことに値する人間だ」です。言い換えると、「自分はお金持ちになれる」と本気で思うこと。

あなたは、次に挙げることに同意しますか？

- 必要なものをすぐに手に入れられる裕福さが欲しい
- 好きな人と結ばれたい
- 仕事で成功して評価されたい
- 人間関係が良好でストレスがない状態になりたい

普通は「YES」と答えるでしょう。しかし、「私はお金を持つことに値する人間だ」

というマネースクリプトが抜け落ちている人は、「自分には無理だろう」と思います。

✕ 自分は頭が良くないし行動力もないから裕福にはなれないだろう
✕ 自分は外見も良くないしお金も持っていないから、好きな子に振り向いてもらえないだろう

などと、行動する前からあきらめているのです。

金持ち体質と貧乏体質：1日3万5000回の選択

「私はお金を持つことに値する人間だ」のマネースクリプトがある人とない人で、どのような思考の違いがあるのか。収入にかかわる部分で説明していきます。

【転職活動中の選択】
◎ 希望の年収で採用されるために、独学でスキルを磨く
✕ 希望の年収に達していないが「自分にはこれが限界だ」と妥協する

【顧客から値下げ交渉をされたときの選択】

◎ 相場を調べて、客観的な数字と示し合わせながら、交渉に応じるか判断する

✕ 「今後仕事がなくなるくらいなら、多少の値下げもしょうがない」と応じてしまう

「自分なんかお金をもらうに値しない」と考えていると、常に自分が損をする選択をしてしまうのです。

ケンブリッジ大学のバーバラ・サハキアン教授の研究によると、**私たちは1日に最大で3万5000回の選択をしているそうです。**1日3万5000回「自分が損をする選択」をしているとしたら恐ろしいと思いませんか。

心当たりがある人は「私はお金を持つことに値する人間だ」と意識的に思うこと。シンプルに、「ポジティブに考えるクセ」をつけるだけでも、劇的に変わることでしょう。

負債の回避法

ひとつだけ注意点を。「私はお金を持つことに値する人間だ」というマネースクリプトが強すぎると、負債を抱えやすい傾向が出ます。この場合の対策は「自分の力で成し遂げ

る」という要素を加えること。

たとえば、必要なものをすぐに手に入れられる裕福さが欲しい場合、

⭕ 新事業を成功させて、必要なものを手に入れられる裕福さを持とう

❌ 今の私には信用があるから、ローンを組んで必要なものを手に入れよう

と、行動に差が出ます。

「私はお金を持つことに値する人間だ」というマネースクリプトが強すぎると、必要なものを自由に手にできるように頑張るのではなく、どんな手段でもいいので欲しいものを手に入れる、という考えになってしまうのです。

①「私はお金を持つことに値する人間だ」というポジティブさを持つ
②「自分の力で成し遂げる」という要素を加える
③1日3万5000回の選択を「自分に得があるもの」にする

この3ステップが、金持ち体質になる方法です。

富をもたらすマネースクリプト 6

人生は自分でコントロールできる

要注意　全タイプ

富をもたらすマネースクリプトの6つ目は「人生は自分でコントロールできる」です。

これを説明するには、アメリカの臨床心理学者ジュリアン・B・ロッター氏が提唱した「統制の所在（ローカス・オブ・コントロール）」の話が分かりやすいでしょう。

統制の所在とは、自分の行動の原因をどこに求めるかという概念のこと。「人生は自分でコントロールできる」というマネースクリプトを持っている人は、「統制の所在が内部（自分）にある＝自責思考の持ち主」です。

「人生は自分でコントロールできる」というマネースクリプトが欠けている人は、「統制の所在が外部（他人や環境）にある＝他責思考の持ち主」であり、人生を自ら切り拓こうという信念を持ちにくいのです。

原因をどこに求めるのか：ローカス・オブ・コントロール

他責思考の人は、物事が失敗したときや目標を達成できなかったときに、その原因を外部に求めます。

【貯金しようと思ったものの、いつまでたってもお金が貯まらない】

✕ 他責思考：会社の業績が悪くて、ボーナスが低かったからしょうがない

○ 自責思考：貯金するだけでなく、堅実な投資をしたほうがいいのではないか

【仕事で結果が出なかった】

✕ 他責思考：上司が悪い。顧客が自分の話を理解しないのが悪い

○ 自責思考：自分の提案が悪かった。上司に伝えるタイミングが悪かったのかも

【副業を始めたが稼げない】

✕ 他責思考：この副業は作業量が多すぎる。顧客の巡りあわせが悪い

○ 自責思考：自分のスキル不足。営業方法に改善点はないか

他責思考の人は、お金が貯まらない本当の理由を考えないため、適切な改善策を見出せません。いつまで経ってもお金を貯めることはできないでしょう。

有名人を例に挙げると、アメリカの元大統領のドナルド・トランプ氏のように、破産してもまた復活している人がいます。彼らは自責思考の持ち主なので、破産した原因を探り出し、何とか自力で這い上がろうとします。一方、他責思考の持ち主は、破産した原因を外部に求めてしまうのです。「自分の何が悪かったのか」に気づけないため、復活は難しいでしょう。

これはお金以外でも同じことが言えます。

- 友人やパートナーと上手くいかないことを、相手（外部）が悪いと思うのか、自分（内部）が悪いと思うのか
- 転職活動が上手くいかないことを、企業や市況（外部）が悪いと思うのか、自分の面接での受け答え（内部）が悪いと思うのか

「人生を自分でコントロールしている」感覚を持ち、失敗したときには「自分に原因があるのかも?」と考えることが成長につながります。

富をもたらすマネースクリプト７

困ったときは人に頼る

要注意　全タイプ

富をもたらすマネースクリプトの７つ目は「困ったときは人に頼る」です。私たち日本人は「人に迷惑をかけない」ように教育されてきました。この教育によって、

■ 困ったことが起きても、できるだけ自分で解決すべき
■ 人が困っていても手を差し伸べるのはおせっかい

などという考えが、刷り込まれました。しかしひとりでできることには限界があるため、この考えでは単純に物事は上手くいかず、成果は出にくいでしょう。

「富をもたらすマネースクリプト６ 人生は自分でコントロールできる」では、何か問題が起きたときに、その原因を外部ではなく、内部に求めたほうがいいと解説しました。このマネースクリプトの解釈を間違えると、「人に頼ってはいけない」と思う人が出てきます。

✕ 何がなんでも自分だけで解決しようとすること
◯ 自分の何が悪かったのか原因を探り、最適な解決策をとること

この2つは、似ているようで全く違います。たとえば次のような場合です。

【取引先を怒らせてしまったことが原因で案件を失注したとき】

✕ 「自分の提案が悪い」「自分の伝え方が悪い」とひたすら反省をして自己完結する
◯ 「どこが悪かったのか」「信頼を取り戻す方法はないか」、周囲に意見を求める

【案件をもう一度もらえるように、挽回したいとき】

✕ 接待、価格交渉など、できる限りのことをすぐにして信頼を取り戻そうとする
◯ 上司にお願いをして、一緒に説明に行き、会社対会社の信頼を作り直す

誰かの手を借りれば顧客と良好な関係に戻れるなら、積極的に頼るべき。人に頼れる人は、人からも頼りにしてもらえるため、「失敗しても挽回できる環境」が整います。

富をもたらすマネースクリプト 8

利益につなげることが重要

要注意　金銭地位の傾向が強い

富をもたらすマネースクリプトの8つ目は「利益につなげることが重要」です。本来「人間関係」はお金で買えませんが、金持ち体質の人は、この「人間関係」を手に入れるために、買い物をすることがあります。これは、金銭地位の傾向が強い人の「地位財」を手に入れたいがための買い物とは、全く違います。

利益につながるのはどっち？

たとえば、AさんとBさんが同じ高級車を買ったとします。Aさんは「利益につなげることが重要」というマネースクリプトを持っている人、Bさんは持っていないとしましょう。

○ Aさんが高級車を買う理由：この車のオーナーズクラブに入ることで、ハイクラスの人材とつながることができるかも。それは自分の事業の売上を拡大してくれるだろう

× Bさんが高級車を買う理由：周りが高級車を買い始めたし、何となくモテそう

Bさんの買い物は、地位財を取得することが目的です。地位財は他人との比較が軸にあり、自分のための買い物ではないため、いくら手に入れても幸せにはなれません。

一方で、Aさんは「高級車を持っていることでお金を稼げるか否か」をきちんと見極めてから買っています。

Aさんは高級車を買っているようで、実はその先にある人脈や情報を買っています。

「買ったことで自分が何を得られるのか」を最重要視しているのです。

DaiGoのテレビ出演も同じだった

実は、私も同じような考えでテレビに出演していました。「テレビって稼げるんですか？」「有名になれて良かったですね」と言われたこともあります。

私が欲しかったのは、出演料ではありません。ましてや、承認欲求を満たしたいという思いもありませんでした（テレビに出始めの頃を除いては……）。

有名になることでハイクラスの人材とつながることができるメリットがあるため、テレビに出て知名度を上げようと思ったのです。

私の話はあくまでひとつの事例にすぎません。ただ、金持ち体質の人が「利益につなげることが重要」というマネースクリプトを持っているのは間違いありません。何かを買うときや、誰かと会うときは、常にこの考えを持つといいでしょう。

金持ち体質の人の行動をパクる

最後に、本章のマネースクリプト8つをまとめます。金持ち体質の人を徹底的に真似するだけでも、あなたの人生は劇的に変わります。

- 1 貯金は大切だ（P52へ）
- 2 困っている人たちにギブする（P66へ）
- 3 お金は自由を買うためのツール（P74へ）

4 楽しく働く（P77へ）

5 私はお金を持つことに値する人間だ（P80へ）

6 人生は自分でコントロールできる（P84へ）

7 困ったときは人に頼る（P87へ）

8 利益につなげることが重要（P89へ）

今日は何を試してみますか？　目についたものから、どれかひとつでも取り組んでみましょう。

第3章

REWRITING

貧乏マネースクリプトを
金持ちマネースクリプトに
書き換える

歪んだマネースクリプトを書き換える

第1章では、自分のマネースクリプトを知ってもらうための診断テストを実施。第2章では「富をもたらすマネースクリプト」をインプットしてもらいました。この時点で、あなたは金持ち体質になる土台を作れています。次は、あなたの歪んだマネースクリプトを書き換えていきます。

本章では「破産する人が持っている貧乏マネースクリプト」と「金持ち体質の人が持っているマネースクリプト」の両方を紹介していきます。**貧乏マネースクリプトをどんどん壊し、金持ちマネースクリプトで上書きするようなイメージで読み進めましょう。**次のように「要注意」の人もあわせて記載しています。

✕貧乏 **投資はプロがやるもの**

○金持ち **投資は自分で勉強して自分で判断するもの**

要注意 全タイプ

ここで挙げた例でいうと、破産しやすい人は「投資はプロがやるもの」という貧乏マネースクリプトを持っています。当然ですが、このマネースクリプトはきっぱりとなくすべきです。「投資は自分で勉強して自分で判断するもの」という金持ちマネースクリプトに書き換えましょう。

「投資はプロがやるもの」という考えは、すべてのタイプの人が持ちやすいので、要注意の箇所に「全タイプ」と記載しています。仮に「金銭忌避の傾向が強い人」と書いてあれば、第1章のテストで金銭忌避の傾向が強いと診断された人は、要注意です。

破産につながる歪んだマネースクリプトを正していくのが第3章の目的であり、それは本書『収入の9割はマネースクリプトで決まる』の目的でもあります。

後で読み返しやすいように、次頁に「貧乏マネースクリプト一覧表」を用意しておきました。この一覧表は繰り返し読むことをおすすめします。付箋を貼ったり、折り目をつけたりしておきましょう。

貧乏マネースクリプト一覧表

分類	マネースクリプト	金銭忌避（強い）	金銭崇拝（強い）	金銭地位（強い）	金銭警戒（弱い）	金銭警戒（強い）	参考ページ
1 自己犠牲マネースクリプト	✕ 金銭的援助をしておけば、自分も助けてもらえる	✓	✓	✓	✓	✓	P102
	✕ お金を与える＝愛を与える		✓	✓	✓		P104
	✕ お金を持っているなら助けるのは義務だ			✓	✓		P106
	✕ 身近な人がお金で苦しむ姿を見たくない			✓	✓		P108
	✕ 金銭やプレゼントで人間関係は形成できる	✓	✓	✓	✓	✓	P110
2 経済依存マネースクリプト	✕ お金について頼れる人が近くにいる	✓	✓	✓	✓	✓	P114
	✕ 働いたら給料をもらうことは当たり前	✓	✓	✓	✓	✓	P116
	✕ お金の管理方法は学ばなくても、なんとかなる	✓					P118
3 無計画支出マネースクリプト	✕ 人の価値は収入で決まる			✓			P122
	✕ いざとなれば借金すればいい	✓		✓			P124
	✕ 副業や独立するにはお金が必要		✓	✓			P126

※✓マークがついている人が要注意です。

4 あぶく銭消費 マネースクリプト	自分はお金を持っている資格がない	✓	✓	✓	✓	✓	P130
	労働で得たもの以外は自分のお金ではない	✓	✓	✓	✓	✓	P132
	周りの人よりもお金を持つと嫌われる	✓	✓	✓	✓	✓	P134
5 カモられ マネースクリプト	投資はプロがやるもの	✓	✓	✓	✓	✓	P138
	賢くないので投資はやらない	✓	✓	✓	✓	✓	P140
6 裕福さ回避 マネースクリプト	お金は後から入ってくる	✓					P144
	少ないお金で生活することが正義だ					✓	P146
	汗水たらして働くべきだ	✓					P148
7 裕福反発 マネースクリプト	お金持ちは他人を利用している	✓					P152
	お金持ちは欲望にまみれている	✓					P154
	お金持ちは人格に問題がある	✓					P156
	お金持ちは孤独になる	✓					P158

マネースクリプト	❌	金銭忌避（強い）	金銭崇拝（強い）	金銭地位（強い）	金銭警戒（弱い）	金銭警戒（強い）	参考ページ
8ギャンブラーマネースクリプト	安全などつまらない。リスクを取るべき	✓	✓	✓			P162
	人生は短い	✓	✓	✓	✓	✓	P164
	競争社会で勝者になりたい	✓	✓	✓	✓	✓	P166
	努力すれば必ず勝てる	✓	✓	✓	✓	✓	P168
9衝動買いマネースクリプト	どうせ私は裕福になれない	✓	✓	✓	✓	✓	P172
	お金のことはパートナーに秘密にしたい	✓	✓	✓	✓	✓	P174
	いい人であればお金の問題は解決する	✓	✓	✓	✓	✓	P176
10過少支出マネースクリプト	お金は貯めるべきであり使ってはいけない					✓	P180
	いくらお金があっても安心はできない					✓	P182
	お金がかかることはやらない					✓	P184
11ワーカーホリックマネースクリプト	いくら稼いでいるか聞かれたら低めに答えるべき	✓	✓	✓	✓	✓	P188
	もっと稼げば幸せになれる		✓				P190
	収入を上げて、認められたい			✓			P192

読みながら「すぐに直すべき項目＋対策」をリストアップしておくと便利です。実行にうつした後は、「どのような方法を、いつしたのか」の記録も取りましょう。知識の活用に役立ちます。

メモ

✖ ヤバいマネースクリプト[1] 自己犠牲マネースクリプト

貧乏マネースクリプトのひとつ目は、自己犠牲マネースクリプトです。「自己犠牲」と聞くと、自分を犠牲にして他人に貢献するという意味にも取れるため、ポジティブに捉える人もいるでしょう。その考えこそ破産するマネースクリプトにつながります。

たとえば、気前良く誰かにお金を貸したり、知人が困っていたら援助したりする人は、いい人に見えるかもしれません。しかし、世の中には「人から何か施しを受けることは当たり前。できる限りむしり取ろう」と考えているテイカー（搾取する人／P71参照）もいます。自己犠牲のマネースクリプトを持っている人は、このようなテイカーにお金や情報などを奪われやすいのです。

「自分はそんなことはない」と思っている人こそ要注意。具体的には、次のような考え方をする人は、自己犠牲マネースクリプトを持っている可能性が高いです。

❌ 金銭的援助をしておけば、自分も助けてもらえる
❌ お金を与える＝愛を与える
❌ お金を持っているなら助けるのは義務だ
❌ 身近な人がお金で苦しむ姿を見たくない
❌ 金銭やプレゼントで人間関係は形成できる

心当たりのある人も多かったのではないでしょうか？　ぜひ自分ごととして読み進めてください。特に金銭崇拝と金銭地位の傾向が強い人、そして金銭警戒の弱い人は、この考えを持っている可能性が高いので要注意です。

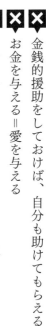

✕貧乏 金銭的援助をしておけば、自分も助けてもらえる
〇金持ち 貸したお金は返ってこない

要注意 全タイプ

最初の自己犠牲マネースクリプトは、「誰かに与えることでいつか報われる。自分がピンチのときに助けてくれる」という考え方です。気前良くお金を貸してしまう人や、他人の言うことを何でも聞いてしまう人は、このマネースクリプトを持っているでしょう。子どもがいる人なら、自分に介護が必要になったり、援助が必要になったりしたとき、「子どもが世話をしてくれるだろう」という考え方を無意識にしています。

見返りは期待しすぎるな：社会的交換理論とは？

「社会的交換理論」という心理用語があります。人間関係は、さまざまな報酬の交換で成り立っているという意味です。たとえば、「転職先を紹介したお礼に、食事をごちそうになる」「勉強を教える代わりに、流行《はや》りのレストランを予約してもらう」などが、「社会的交換理論」に当たります。

しかし、自分が与えて返ってくるのは、「食事」「レストランの予約」程度のこと。「誰かに与えることでいつか報われる。自分がピンチのときに助けてくれる」という考え方は、見返りへの期待が大きすぎるのです。「転職先を紹介したし、勉強も教えたから、自分が窮地に追い込まれているときは、必ず助けてもらえる」と、あてにするのはあまりに危険でしょう。

もちろん、同僚や友人がピンチのときに助けていれば、自分がピンチのときにも手を差し伸べてくれるかもしれません。しかし、助けた相手がテイカー(P71参照)であれば、あなたに手を差し伸べてくれるどころか恩を仇で返します。

テイカーにお金を貸したのであればお金は戻ってこない上に、さらにお金を請求されます。その姿を見ていたまた別の人が、あなたにお金をたかりにくるかもしれません。こうなると周りがテイカーだらけになり、あなたのお金はどんどんなくなっていきます。

「困っている人に金銭的援助をすれば、自分がピンチのときに助けてもらえる」という思い込みは、あなたを破産に追い込みます。「貸したお金は返ってこない」というマネースクリプトに書き換えてください。

✕貧乏 お金を与える＝愛を与える

○金持ち 「お金以外」のことで人は助けられる

要注意 金銭崇拝の傾向が強い、金銭地位の傾向が強い、金銭警戒の傾向が弱い

2つ目の自己犠牲マネースクリプトは、「お金を与えることが相手にやってあげられることのすべてだ」という考えです。たとえば、知人から「今の会社がブラック企業なのでつらい。でも貯金もないし、次の転職先を探す時間もないから、やめるにやめられない」という相談を受けたとします。

このとき、「すぐに会社をやめたほうがいい。少しだけならお金を援助するから心配しないで」と言ってしまうのが、この自己犠牲マネースクリプトを持っている人の特徴。要するに、解決方法がお金一択なのです。

お金の援助は求めていない人のほうが多い

人に何かを与える手段は、必ずしもお金だけではありません。むしろ、お金以外のこと

で助けられるケースのほうが多い。

ブラック企業で苦しんでいる知人は、お金の援助を求めていたわけではないでしょう。もっと話を聞いてほしかっただけかもしれませんし、お金以外の解決策を提示してほしかったのかもしれません。残念ながら、「援助するよ」という言葉は、相談した人にとって全く救いになっていない可能性すらあるのです。

このマネースクリプトを持っている人は、「お金を与えないと人間関係が作れない」という考えがベースにあります。相手に与えられることはお金以外にもたくさんあります。知人でも家族でも、誰かがあなたに救いを求めてきたら、お金以外の解決方法を一緒に考えることが重要です。

特に金銭崇拝と金銭地位の傾向が強い人は注意しましょう。金銭崇拝の傾向が強いとお金があれば何でも解決すると思いやすく、金銭地位の傾向が強いと見栄でお金を使うことが多くなるからです。お金を使うことに抵抗感が小さい、金銭警戒の傾向が弱い人も注意が必要です。

✕貧乏 お金を持っているなら助けるのは義務だ

○金持ち 「手を差し伸べたい」と思うから助ける

要注意 金銭地位の傾向が強い、金銭警戒の傾向が弱い

「お金を持っているなら恵まれない人に支援すべきであり、それは人としての義務である」という自己犠牲マネースクリプトです。

一見、素晴らしい考えだと思うかもしれません。しかし、よく考えてみてください。

■お金を持っている人が恵まれない人を助ける義務はありますか？

■それは強制されるものでしょうか？

答えは両方ともNOです。

助けたいと思うなら助ければいいですが、それは強制されることではなく自分の意思で行うことです。**人を助けるのが義務だと思ってしまうと、自分の生活に支障が出るほどの施しを他人にしてしまいます。**

寄付に過剰反応する歪んだマネースクリプト

自然災害が起きたときに寄付などの援助をした著名人に対して、「お金を持っているんだから、もっと寄付すべきだ」とか、逆に「偽善でしょ？」とか批判の声が上がり、ネットで炎上騒ぎが起きることがあります。これは、こういう発言をする側に、マネースクリプトの歪みを感じます。

私もよく寄付はするものの、動物に対してが大半です。人間への寄付は多くの著名人が行っていますので、寄付している人が少ない動物も助けたいと思うからです。

「何より人間を優先すべき」という考えを持っている人もいるでしょう。それぞれが自分の信念でできることをするのがいいのではないでしょうか。

「お金を持っているなら助けるのは義務だ」というマネースクリプトは、「手を差し伸べたいと思うから助ける」という正しい考え方に書き換えてください。

見栄や名誉のために寄付や支援をしてしまいがちな金銭地位の傾向が強い人、お金を使うことへの警戒心が薄い金銭警戒の傾向が弱い人は要注意です。

✕貧乏 身近な人がお金で苦しむ姿を見たくない
○金持ち 各々が自分でお金の責任を持つ

要注意 金銭地位の傾向が強い、金銭警戒の傾向が弱い

「身近な人がお金に困っているから、ついつい手を差し伸べてしまった」という経験はありませんか。こんな人は、家族や友人にすぐお金を貸してしまう上に、「念のため借用書を書いてほしい」の一言が言えません。

このマネースクリプトを持っている人は、「お金を貸さなければ、相手が金銭的な責任を負うからかわいそう」「相手から嫌われるのは避けたい」と思ってしまい、簡単にお金を貸してしまうのです。

お金を貸さないと相手が金銭的な責任を負うというのは、言ってみれば当たり前の話。何か事情があってお金がなくなったのだから、その責任は相手が負うべきであり、あなたが負うべき筋合いはありません。

借用書も一緒です。お金を貸したら書面に残すのは当たり前のこと。その責任を相手に負わせたくないというのは、冷静に考えるとおかしなこと。現に、金融機関がお金を貸すときは書面を交わします。

協調性が高い人は、貯金が少ない!?

コロンビア・ビジネス・スクールの研究で、「協調性の高い人は、空気を読み過ぎて、破産に追い込まれる確率が高まる」という結果が出ています。協調性が高い人は、そうでない人に比べて破産する確率は、なんと1・5倍。破産とまではいかなくても、学生のころに協調性が高かった人は、貯金が極端に少なかったり、クレジットカードの返済に苦しめられていたりと、大人になってから経済的な問題を抱えてしまう傾向が高いそうです。

心当たりのある人は、「人にお金を貸さない」ことをルール化しましょう。空気を読みすぎて、「つい飲み会で多めに払ってしまう」などの行動も控えるべきです。協調性が高いことが悪いわけではなく、簡単にお金を出してしまうことが悪いことなのです。

見栄を張ってお金を出してしまいがちな金銭地位の傾向が強い人は特に注意しましょう。お金を使うことへの恐怖心が薄い金銭警戒の傾向が弱い人も要注意です。

✕貧乏 金銭やプレゼントで人間関係は形成できる
○金持ち 「一緒に過ごした時間」で人間関係を形成する

要注意 全タイプ

誰かと仲良くなりたいときに、プレゼントやお金をあげて人間関係を形成しようとする人も多いでしょう。たとえば、再婚相手の子どもと仲良くなりたいがために、高額なプレゼントを贈る、お小遣いをあげるなどの行動です。

カンザス大学の研究によると、人間関係を構築する上で重要なのは「その人と一緒に過ごした時間の長さ」。金銭やプレゼントをあげることで形成した人間関係は、一時的なものにすぎないでしょう。

先ほどの例でいうと、再婚相手の子どもと仲良くなるためにプレゼントやお金をあげれば、その場では喜んでくれるかもしれません。ただ、それはあなたがプレゼントやお金をあげたからであり、人間関係が構築できたからではありません。「何かくれる人」として認識されているだけ。

それよりも、一緒に遠出してみたり、好きなゲームをやったりした時間が長いほうが、良好な人間関係を築けます。もしプレゼントをあげたいなら、「一緒に時間を過ごせるもの」がおすすめです。たとえば、ボールをあげて一緒にサッカーをするなど。

私は友人によくワインを贈ります。ワインなら「一緒に飲む時間」を友人と過ごせるからです。プレゼントと一緒に「共に過ごせる時間」を贈れば、健全な人間関係を築きやすいでしょう。

接触回数で心を掴む：ザイアンスの法則

相手と仲良くなりたいときには、「接触回数を多くする」という方法もあります。これは「ザイアンスの法則」という心理。接触回数が多くなるほど、人は相手に親しみを感じやすくなります。「ザイアンスの法則」でも、大きなプレゼントを贈るより、ちょっとした声かけを頻繁に行うほうが、相手の心に残りやすいということが明らかになっています。

「人間関係を形成するのはプレゼントやお金ではなく、一緒に過ごした時間である」という考え方は、全タイプの人が持っておきましょう。

✕ ヤバいマネースクリプト2 経済依存マネースクリプト

破産する貧乏マネースクリプトの2つ目は、経済依存マネースクリプトです。簡単に言うと「いかに他人からお金をもらうか？」ばかりを考えている人のこと。経済依存マネースクリプトを持っている人は今すぐに直したほうがいいです。

経済依存マネースクリプトを持っていると、「自分で価値を生み出してお金を稼ぐ」という発想がなくなります。親族や知人などのお金をいかに奪い取るか、いかに好条件で借りるか、このようなことばかり考えているため、いつまで経ってもお金は貯まりません。

逆に、友人や恋人に対して「この人、経済依存マネースクリプトを持っているのかな」と思った場合は、すぐに縁を切ることをおすすめします。

資金援助をしてもらうのが当たり前の人の末路

大人になっても親から資金援助をしてもらい続けている人が周りにいませんか。こんな人は、まさに経済依存マネースクリプトを持っています。いずれは周りに頼れる人がいなくなり、破産してしまうでしょう。

具体的には次のような考えをしている人は要注意です。

✖ お金について頼れる人が近くにいる
✖ 働いたら給料をもらうことは当たり前
✖ お金の管理方法は学ばなくても、なんとかなる

これらはすべて破産へとつながる考え方です。正しいマネースクリプトに書き換えましょう。この考え方は無意識に形成されるのが怖いところ。心当たりがない人も自分ごととして読み進めてください。

✕貧乏 お金について頼れる人が近くにいる
○金持ち 自分で稼いで自立する

要注意 全タイプ

お金について頼れる人が周りにいると思っている人は、経済依存マネースクリプトを持っています。

たとえば、いざとなれば実家の両親にお金を借りればいいと思っていたり、お金がないときは友人から借りればいいと思っていたりする人。「お金について頼れる人が近くにいる」というのは、本人の勝手な思い込みです。

お金について頼れる人を探している場合も、経済依存マネースクリプトを持っていると言えるでしょう。たとえば、「仕事をやめたいから」という理由で結婚を考えている人です。

経済依存マネースクリプトを持っている人は、「自分の力でお金を稼ぐ」という発想がすっぽり抜け落ちているのが特徴です。

「経済依存マネースクリプトの持ち主」に惹かれる人は危険

「自分は経済依存マネースクリプトは持っていない」という人でも、巻き込まれる可能性は大いにあります。パートナーが変わっても、毎回同じようなヤバい相手と付き合っている人はいませんか。たとえば、「無職の人と付き合って、お金を貢いでしまった→次は普通のサラリーマンと付き合ったはずなのに、いつのまにか仕事をやめていて、またお金を貢いでしまった」というような人。

「孤独を極度に恐れている人」は、経済依存されやすい傾向にあります。お金の援助をすることで、相手に一緒にいてもらおうとするからです。心当たりのある人は、自己犠牲マネースクリプト「身近な人がお金で苦しむ姿を見たくない」（P108参照）も合わせて読みましょう。

✕貧乏 ○金持ち

働いたら給料をもらうことは当たり前 給料は価値提供した対価

要注意 全タイプ

本書を読んでいる人には、会社員の方も多いでしょう。出社して仕事をすれば、成果に関係なく毎月一回は必ず給料が振り込まれます。皆さんはこの状況を「当たり前」と思っていますか？　もし答えが「ＹＥＳ」なら、「経済依存マネースクリプト予備軍」と言えます。

そもそも、会社があなたに給料を支払っている理由は、何か価値を生み出したからです。毎日出社しているからではありません。営業なら営業、経理なら経理、総務なら総務と、会社から与えられた役割をこなし価値提供しているからこそ、その対価として給料をもらえるのです。

働いたから給料をもらえるわけではなく、価値提供の先に対価があると認識しておきましょう。

ベテラン社員に必要なのは「ルーキー・スマート」

新人が、ときに「ベテランよりも大きな成果を上げる」という現象が起こります。**新人は、すべてのことが初めてのため、分からないことは「専門家に聞いてみよう」「周囲にアドバイスを求めよう」と積極的に動くからです。**「出社しているだけ」のベテラン社員より、成果を上げる可能性が高いのは、当然のことと言えるでしょう。リーダーシップ分野で世界トップ10に数えられる人材育成の第一人者、リズ・ワイズマン氏は著書『ルーキー・スマート』(海と月社)の中で、どんな立場の人でも「ルーキー・スマート(新人ならではの思考や行動)」を身につければ、衰えない働き方ができると説いています。

転職・異動のタイミングはチャンス

もしあなたが今、「転職したばかり」「部署を異動したばかり」の状態であれば、チャンスです。**「ルーキー・スマート」の行動原理で、「自分の経験や知識に頼らず、初めて行ったかのように仕事に取り組む」姿勢が自然と作れます。**これだけで、「経済依存マネースクリプト予備軍」から抜け出せるでしょう。

✕貧乏 お金の管理方法は学ばなくても、なんとかなる
○金持ち 資産を管理して「未来の計画」を立てる

要注意 金銭忌避の傾向が強い

あなたは、毎月「何に対して」「いくら」お金を使ったか把握していますか？

家計簿をつけていたとしても、「今月はこんなに使ってしまった」「今月は出費を抑えられた」と、一喜一憂しているだけの人も多いと思います。**お金を管理する本質的な意味は、家計簿を見て一喜一憂することではありません。資産を管理して、未来の計画を立てることです。**この点について、会社員Aさんを例に解説します。

Aさんは手取りの給料が毎月28万円。家賃や食費など一か月分の支出は23万円です。つまり、毎月5万円が手元に残る計算。この計算通りなら、給料が振り込まれたときに、すぐ5万円を投資に回しても問題ありません。予備のお金を1万円残しておくとしても、毎月4万円を投資に回せます。さらに、年2回のボーナス時にそれぞれ10万円ずつ投資に回せば、年間68万円分の投資ができる計算です。仮に、年利4％の投資商品であれば、複利

計算で次のような利益になります。

- 3年で約12・7万円（総資産は約213万円）
- 5年で約35・8万円（総資産は約370万円）
- 10年で約152万円（総資産は約821万円）

このように収支を計算してお金を管理することにより、未来の計画をより具体的に立てられます。

収入が増えても貯まらない「パーキンソンの法則」の罠にご注意

貯金額（投資額）を決める際、「パーキンソンの法則」にはハマらないようにしてください。「パーキンソンの法則」をお金で解説すると、「収入が増えたら増えた分だけ使ってしまい、お金が貯まらない」という現象。「収入が増えたから、使えるお金が増えた」と思うのではなく、「収入が増えた分、貯金額（投資額）も増やす」とするのが健全です。金額ではなく、「収入の〇割を投資（または貯金）に回す」と決めることをおすすめします。

✕ヤバいマネースクリプト③ 無計画支出マネースクリプト

破産する貧乏マネースクリプトの3つ目は、無計画支出マネースクリプトです。無計画支出マネースクリプトを持っている人は、その場その場の状況で、無計画にお金を使います。そのため、経済的に破綻してしまうリスクがあるのです。

あなたは、「自分は合理的にお金を使っている」という自信はありますか？ ムダづかいはしていないと言い切れますか？

YESと答えた人も、「ムダな支出」に気づいていないだけの可能性もあります。「自分は堅実である」と思っている人でさえ、ムダづかいをしているというのは、コーネル大学の経済学者ロバート・H・フランク博士の調査（P54参照）でも証明されています。

具体的には次のような考え方をしている人は、無計画支出マネースクリプトを持っています。

❌人の価値は収入で決まる
❌いざとなれば借金すればいい
❌副業や独立するにはお金が必要

一見すると「無計画な支出」と関係なさそうな考え方もありますが、まわりまわってムダづかいへとつながります。「自分はムダづかいなんてしていない」と思っている人こそ、注意して読み進めてください。

この無計画支出マネースクリプトは、金銭地位の傾向が強い人が特に持ちやすいです。金持ち体質の土台は「節約」（P52参照）。無計画支出マネースクリプトは、土台さえ築けない危険な状態です。早急に改善していきましょう。

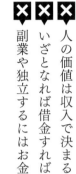

✕貧乏 人の価値は収入で決まる
○金持ち 自分の価値は自分で決める

要注意 金銭地位の傾向が強い

「所有している資産や収入によって人の価値が決まる」というのは、歪んだマネースクリプトです。あなたは、「高年収の人は偉い」「いい家に住んでいる人は立派」と思っていませんか?

たとえば、

✕学生時代の友人と飲んでいるときに年収の話になり、友人が自分より高年収だった場合に劣等感を抱いてしまう人

✕会社の同僚が高級な時計を身につけていたり、自分よりもいい場所に家を買ったりしていたときに、張り合ってしまう人

このような人が該当します。

このマネースクリプトを持っている人は、「支出カスケード」(P58参照)にとらわれやす

いでしょう。商品に価値を感じたから買うのではなく、周りの人たちに張り合って買ってしまうという現象です。支出の上限がなくなるため、経済的な破綻を招きます。

絶対に買わない物リスト

私は、「ロゴが目立つブランド品」は、絶対に買わないと決めています。

ブランド品の好みについて調べたノースウェスタン大学の研究で、「無力感が強い人ほど、高級品やロゴが目立つブランド品を買う」傾向にあることが判明しています。自信がない人ほど、ブランドの力を借りて、自信のなさを補おうとしているということです。

もうひとつ、「高い靴」も買いません。「ビジネスパーソンは高い靴を履いておかないと、信用を得られない」という通説を聞いたことはないでしょうか。これは、全くのデタラメ。靴メーカーのプロパガンダのようなものです。**科学的には、「高級な靴よりも、実用性が高く、安価な靴のほうが良い印象を与えられる」ということが分かっています。**

お金で人に張り合ってしまうような人は、簡単な対策として「絶対に買わない物リスト」を作ることをおすすめします。

✕貧乏 いざとなれば借金すればいい
○金持ち いざとなったとき頼れるのは自分の貯金

要注意 金銭忌避の傾向が強い、金銭地位の傾向が強い

「借金」と聞くと、金融機関でお金を借りることを思い浮かべるかもしれません。しかし、クレジットカードでの分割払いやリボ払いも借金。「今はお金がないけど来月の給料が入れば支払える」と思って、クレジットカードで一括払いをするのも同じです。未来の自分からお金を借りているようなものだからです。いずれにしろ、「今が良ければいい」という短期的な考え方なので、お金は貯まりません。

今まで借金をしたことがない人も、自分に関係ないと思わず読み進めてください。

借金をすると頭が悪くなる!?

ideas42というチャリティー団体が行った調査では、「何かが足りないという感覚が、メンタルにネガティブな影響を及ぼす」という結果が出ています。

具体的には、時間が足りない、睡眠が足りない、お金が足りないなど。実際に足りているのか、足りていないのかは重要ではなく、「本来あるべきものが、欠乏している感覚」が、負の連鎖を巻き起こすそうです。この研究では、「低収入に悩んでいる」200人のシンガポール人に、次の3つのテストを実施しました。

①頭の回転の速さである認知機能を測るテスト
②不安レベルとストレスレベルを測るテスト
③お金に関する「損得の判断」がちゃんとできるかという、金銭的な判断力のテスト

テスト終了後、借金がある参加者に「返済の肩代わりをする」ことを約束。その後、もう一度テストをしたところ、3つのテストすべてで、数値の改善が見られたとのこと。「返済の肩代わり」をしてもらうことで、②の不安レベルが改善されたのは当然です。しかし、①や③は、不安とは関係ない部分。この結果からは、**「お金がないという感覚」**や**「毎月の返済に追われている感覚」が、人間の脳にダメージを与えていたことが分かります。**借金はあなたの頭を悪くします。「いざとなれば借金すればいい」という貧乏マネースクリプトは、すぐに上書きしましょう。

✕貧乏 副業や独立するにはお金が必要

○金持ち お金がなくてもお金は稼げる

要注意 金銭崇拝の傾向が強い、金銭地位の傾向が強い

お金を稼ぐためには初期費用や設備投資が必要。まとまったお金を用意しなければならない。こう考えていると、無計画にお金を使ってしまいます。

たとえば起業するときに、好立地の場所にオフィスを構えて、備品も買い揃え、デザインにもこだわる。このような人は少なくありません。

ビジネスの基本は、まずは小さく始めて大きく育てること。職種によっては好立地の場所にオフィスを借りざるを得ない場合や、備品にもお金をかけざるを得ない場合もあります。しかし、それでも**「できるだけ初期費用をかけない」という点は、どんなビジネスにも共通している成功法則です。**

手を出さないほうがいいビジネス３つ

私が絶対にやらないと決めているビジネスに、「在庫を抱えるビジネス」「固定費が多いビジネス」「スモールテストができないビジネス」の３つがあります。やらない理由は、次の通りです。

✖①在庫を抱えるビジネス：売上に応じて経費が増えるから。在庫を管理するための人件費や倉庫も必要になる。失敗したときの痛手も大きい

✖②固定費が多いビジネス：お金（固定費）のストレスを抱えると人間のＩＱは著しく低下するから。判断をミスしてしまい、失敗する可能性が高い

✖③スモールテストができないビジネス：スモールテストができない＝参入障壁が大きいということ。参入障壁が大きいビジネスは大企業が敵になる可能性が高いから

この３つは、個人が行うものではなく、資金が豊富な大企業がやるべきビジネスだと思っています。個人が起業や副業をする場合は、「できるだけお金をかけずに、小さく始める」ことが基本です。

✖ヤバいマネースクリプト④ あぶく銭消費マネースクリプト

破産する貧乏マネースクリプトの4つ目は、あぶく銭消費マネースクリプトです。あぶく銭とは、「苦労せずに得たような気がするお金」のこと。たとえば宝くじが当たって得たお金や、予期せぬボーナスなど。このあぶく銭を無計画に使ってしまうのが、この節で紹介するマネースクリプトです。

具体的には、次のような考え方をする人は、あぶく銭消費マネースクリプトを持っています。

- ✖自分はお金を持っている資格がない
- ✖労働で得たもの以外は自分のお金ではない
- ✖周りの人よりもお金を持つと嫌われる

「あぶく銭」というと聞こえが悪いですが、お金はお金。「ボーナスが入ったから、飲み会でぱーっとおごろう」などと考えるのは、お金が貯まらない人の典型的な特徴です。

ボーナスが起こすマルチタスク状態

行動経済学の研究者・ダン・アリエリー博士は、「高いボーナスを提示された人は、そうでない人に比べて、仕事のパフォーマンスが下がってしまう」と指摘しています。パフォーマンスを上げるには、どれだけ一点に集中できるかが重要です。ところが、高いボーナスを提示されると、脳の一部がずっとボーナスのことを考えている状態になります。目の前の仕事に割く脳のリソースの一部が、ボーナスに使われ、マルチタスク状態になってしまうわけです。

ボーナスをあぶく銭と捉え、「何に使おう」と考えるのは危険です。「臨時収入は貯金(投資)に回す」など、ルール化しておくことをおすすめします。

✕貧乏
自分はお金を持っている資格がない

〇金持ち
自分を守るためにお金は必要

要注意　全タイプ

自己肯定感が低い人は、無意識に「自分はお金を持っている資格がない」と考えます。その結果、臨時収入を手にしたときに、「ムダづかいをしてしまう」「ギャンブルでお金を使ってしまう」などの行動に走ります。

たとえば競馬で3万円賭けたところ、運良く的中して10万円になったとします。本来はその時点で切り上げるか、もう一度賭けるにしても元金の3万円を手元に残して7万円を賭けるのが合理的でしょう。

しかし、このマネースクリプトを持っていると、潜在的に「自分はこのお金を持っている資格がない」と思い、次のレースに全額突っ込んでしまいます。

ダメな異性に引っかかる人も、同じマネースクリプトを持っています。たとえば、全く働かない異性と付き合って、自分だけ身を粉にして働き、相手に尽くしすぎてしまう人。

優しくてお金も稼いでいる「誰もが羨むようないい人」が目の前に現れても、「私なんかに振り向いてくれるはずがない」と最初からあきらめて、自ら幸せを手放します。

科学的にも「人は変われる」ことが判明

スタンフォード大学心理学教授のキャロル・S・ドゥエック氏は、長年の研究から「人の性格は簡単に変えられる」と述べています。同時に「人間の性格は、自分も他人も変われると思っている人ほど、自己肯定感が高く、ストレスは低く、不安を感じにくくなる」とのこと。

キャロル・S・ドゥエック氏は、「人は誰もが変われる」ということを一部の学生に教えました。教えられた学生の1年後を確認したところ、教えられなかった学生に比べ、「学校での生活で受けるストレスが著しく減って、成績まで良くなっていた」そうです。

あなたは、今、「人は変われる」ということを知りました。「自分はお金を持っている資格がない」という、低い自己肯定感による貧乏マネースクリプトは捨てられるはずです。

人は誰もが変われると信じ、「自分を守るためにお金は必要」というマネースクリプトに書き換えましょう。

✕貧乏 労働で得たもの以外は自分のお金ではない
○金持ち 手に入れた方法は関係なくお金はお金

要注意 全タイプ

自分が労働で得た対価以外は、「自分のお金ではない」と思ってしまう、あぶく銭消費マネースクリプトです。投資でも相続でも労働でも、どんな方法で手にしたとしてもお金はお金です。

たとえば、投資で稼いだお金を「労働で得たわけではないから、自分のお金ではない」と思っていると、いつまで経ってもお金は増えません。

10万円分のビットコインを購入して、そのまま放置していたところ、ビットコインの価値が高騰して50万円まで上がったとします。税金を加味しなければ利益は40万円。本来は、このお金を堅実な投資に回したり、必要なものを購入したり、日常的な使い方、貯め方をするのが理想です。

しかし、「労働で得たもの以外は自分のお金ではない」というマネースクリプトを持っているとと、この40万円を「自分のお金」ではなく、「あぶく銭」と考えます。いきなり高級時計を買うなど、極端な使い方に走るのです。

このマネースクリプトは、**遺産相続のときも「遺産は自分のお金ではない」と歪んだ認識をしてしまいます。**「あぶく銭」だからとギャンブル的な投資をしてお金を溶かしてしまうなど、お金持ちの人が転落するケースはまさにこのパターンです。

日本では「一生懸命働くことが美徳」という意識がすり込まれているため、「汗水たらして働いて稼いだお金以外は自分のものではない」と考えている人が大多数です。自覚がなくても、潜在的にこのマネースクリプトを持っている可能性はあります。

投資でも遺産でも、手に入れた方法は関係なくお金はお金。一生懸命仕事をして稼いだお金と同じように扱いましょう。

×貧乏 ○金持ち 周りの人よりもお金を持つと嫌われる 状況が変われば付き合う人も変わる

要注意 全タイプ

周りの人よりもお金持ちになると、人間関係が崩れるという考え方です。「いつも周りの目を気にしてしまう」という人は、このマネースクリプトを持っている可能性が高いでしょう。

たとえば次のような行動を取る人です。

× 自分のほうが年収は高いため、友達と飲むときにお金の話を避ける
× 起業したいけど、同僚に「お金儲け」と思われるのが嫌で言い出せない
× 転職したいけど、同僚に「年収アップのため」と思われるのが嫌で言い出せない

いずれのケースも、「周りよりも自分がお金を持っている状態」、あるいは「持とうとしている状態」になると人間関係が崩れると思い込んでの行動です。それを嫌がって、仕事

やお金の話を避けたり、やりたいことを我慢したりするのです。

人間関係の代謝をしよう

人には、新しい細胞が生まれて、古い細胞が消えていく「新陳代謝」という機能が備わっています。同じように、人間関係も新陳代謝が必要です。

あなたは、目の前の人との関係がずっと続いたらいいと思っているかもしれません。しかし、本来、人というものは常に変わっていくものです。

すべては変化していく中で、ずっと同じ状態で冷凍保存のように人間関係を保つことは不可能。「キャリアアップして、もっとお金を稼ぎたい」と思うのなら、新しい人間関係を作って、古い人間関係は断ち切りましょう。

「切る力」と「作る力」の両方が備わっている人のみ、健全な人間関係を構築できます。

大人になったらお子様ランチを食べないように、ステージが変われば付き合う人も変わります。それを恐れる必要はありません。

✖ ヤバいマネースクリプト5 カモられマネースクリプト

破産する貧乏マネースクリプトの5つ目は、カモられマネースクリプトです。簡単に言うと、怪しい投資話や儲け話などの詐欺に引っかかりやすい考え方のこと。

✖ 投資はプロがやるもの
✖ 賢くないので投資はやらない

これらは日本人に多いマネースクリプトです。詐欺師が近寄ってきたとしても、知識がないため、詐欺か否かを見極めるのが困難。このマネースクリプトは全タイプの人が「要注意」に該当します。

■ **金銭地位の傾向が強い人**：最も注意すべき人。お金を持っている人が偉いと思うため、詐欺に引っかかりやすい。投資話にも興味があるため、ターゲットにされやすい

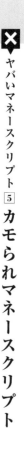

■**金銭崇拝の傾向が弱い人**：やや注意。「お金があれば自由になれる」または「お金を使うことが怖くない」と思っているため、儲け話に乗りやすい

■**金銭忌避の傾向が強い人・金銭警戒の傾向が強い人**：お金を「嫌っている」または「警戒している」ので、投資話に乗るリスクは比較的小さい。ただし、日本人の特徴として、投資の知識がなく、詐欺師かどうかの判断がつかないため、注意は必要

詐欺師に騙されやすい：対人的影響の考慮

「対人的影響の考慮」とは、**「他人の目をどれくらい気にしているのか」**ということ。**他人の目が気になる人ほど、投資詐欺などに引っかかりやすい傾向にあります。**その理由は、

■場の空気を壊したくないからと、詐欺師の説得に応じてしまう

■お金がどんどん減っていき、途中怪しいと思っても、「損失を出した」ということを認めたくない（周囲に知られたくない）ため、さらに詐欺師の口車にのせられてしまう

などが挙げられます。空気を読みすぎてしまったり、NOと言えなかったりする人は、特に注意が必要です。

✕貧乏 投資はプロがやるもの
○金持ち 投資は勉強して自分で判断するもの

要注意 全タイプ

「投資はお金のことを理解している人たちが行うものであり、一般人が手を出すべきではない」と思っている人も多いでしょう。このマネースクリプトを持っている人ほど、「自称プロ投資家」の詐欺師に騙されやすくなります。

「投資詐欺」と聞くと、遠い世界の話に聞こえるかもしれません。しかし、日本の実情を見ると、いつあなたに起こってもおかしくないのです。２０２１年に金融庁に寄せられた「お金に関する相談（投資商品や暗号資産など）」は約４万件。すべてが詐欺の相談でないにしろ、お金に関するトラブルは頻発していることが分かります。

投資はプロがやるものと思っている人は、自分で勉強をしません。自称プロを名乗る偽投資家が現れると「やはり投資はプロの言うことを聞くべき」と思い込み、詐欺に引っかかってしまうのです。

「投資はプロがやるもの。素人がやるにはリスクが高い」という考えを持っている人は、**「投資がリスクなのではなく、投資を勉強しないことがリスクである」と認識しましょう。**

自分の頭で考える

最強の投資家ウォーレン・バフェット氏は、「投資は自分の頭で考えることが一番重要」と説いています。投資をしている人、これからしようと思っている人は、次の3つは覚えておきましょう。

①みんながやっていることや、流行っていることをしても、必ずいつか失敗する
②仮に一度成功しても、それがなぜ成功したのか、自分のどのような思考が良かったのかを理解できなければ意味がない
③失敗したときも、どうして間違えたのかを振り返ることができなければ、人は成長できない

投資だけでなく、あなたの人生も好転させる3つの考え方です。

✕貧乏 賢くないので投資はやらない
○金持ち 投資は誰でもできる

要注意 全タイプ

投資は、一般のビジネスパーソンでも、主婦でも、誰でもできることです。しかし、人は「分からないもの」や「難しいと感じているもの」を「怖い」と思い込みます。どうしても一歩を踏み出せない人は、まずは小さく始めてみること。たとえば、証券会社に口座を開いて、少額の株式や投資信託を買ってみる。その過程で、「株式はどのように買うのか?」「どういう銘柄を買うべきなのか?」「投資信託とは何か?」など、少しずつ調べていけばいいのです。

起業家は投資に向かない!?

ミリオネアたちを調べたさまざまな研究を見ると、普通のビジネスパーソンや主婦のほうが、コツコツとお金を節約して堅実に投資に回すので、晩年にミリオネアになる人が多

いことが分かります。一方で、リスクを取ってチャンスを掴もうとするタイプの人は、衝動的になりすぎて欲望を抑えられず、間違った投資判断をすることがあります。

投資に向いているのは、

①時には適切なリスクを取って勝負に出られる度胸もあるけれど、長期的な視点で考え、自分の衝動を抑えられる人（優秀なトレーダーなど）

②リスクを取らず、コツコツと投資ができる人（一般のビジネスパーソンや主婦など）

③リスクを取ってチャンスを掴んでいく人（一部の起業家など）

この順番です。「投資は一部の特殊な人がするものではなく、一般の人が普通にできるもの」ということが分かるはずです。

投資の利益は年に一回見ればいい

証券会社に口座を開き、小さく投資を始めたら、「投資の利益」は、月単位ではなく、年単位で見るくらいがちょうどいいでしょう。**人は小さな単位で物事を見ると、失っているものばかりに目がいき、判断ミスを起こします。できるだけ大きな単位で見るようにすると、長期的に投資を考えていけます。**

✕ヤバいマネースクリプト 6 裕福さ回避マネースクリプト

破産する貧乏マネースクリプトの6つ目は、裕福さ回避マネースクリプトです。簡単に言うと、「お金を稼ぐ」ことに嫌悪感を示し、それを避けるマネースクリプトのこと。

私も大学生くらいまでは、裕福さ回避マネースクリプトを持っていたと思います。私は学生時代から、書籍や論文を読むのが好きでした。今では、書籍や論文から得た知見をもとに、YouTubeや『Dラボ』で、生活や仕事に役立つ情報を解説しています。つまり、趣味をマネタイズにつなげたのです。

しかし、裕福さ回避マネースクリプトを持ったままなら、お金を稼ぐことに嫌悪感を示し、趣味の読書をマネタイズにつなげるという発想にならなかったでしょう。あるいは、このやり方を思いついたとしても「読書をお金に換えるなんてとんでもない」と思って、実行しなかったと思います。

裕福さ回避マネースクリプトを持っていると、お金を稼ぐことから遠ざかってしまい、チャンスを逃してしまうのです。次のような考え方を持っている人は、無意識に裕福さから遠ざかっています。

✖ お金は後から入ってくる
✖ 少ないお金で生活することが正義だ
✖ 汗水たらして働くべきだ

どれかひとつでも「え？　この考え方の何がダメなの？」と思った人は危険です。特に、金銭忌避と金銭警戒の傾向が強い人は、このマネースクリプトを持ちやすいので注意しましょう。

✕貧乏 お金は後から入ってくる
○金持ち お金は今もらうべき

要注意 金銭忌避の傾向が強い

「お金は後から入ってくる」という裕福さ回避マネースクリプトは、職人気質の人やアーティストの人が持ちやすいものです。自分のやっていることに誇りを持ち、質にこだわる人が多いため、お金のことを後回しにする人が多いからです。

確かに、お金のことを気にせずに一生懸命仕事をしていて、結果的に後からお金がついてくることはあるでしょう。今お金を得ていなくても、価値のある仕事をしていればいつか報われるかもしれません。

しかし、前提として、**「今、価値のある仕事をしたのであれば、今、価値に見合うお金をもらう」のが当然です。**

価値提供ができていない可能性も高い

最も怖いのは、「優秀な人はお金のことを気にしない。お金は後から入ってくる」というマネースクリプトを持っていると、「自分が価値提供できていないかもしれない」という発想を持てないこと。そういう人は「いつか時代が自分に追いつく」など、夢みたいなことを本気で思います。「お金に向き合い、お金に対してシビアに考える」ことは、自分がやっていることに価値があるのか、自己満足になっていないか、客観的に判断することと同義です。

自分の現状を変えるために「現実」を見る

学生時代、大人から「現実を見ろ」と、言われたことはありませんか。学生時代に言われた「現実を見ろ」とは、「現実を受け入れて、挑戦せず、安全圏にとどまれ」という最悪の意味でした。本来、「現実を見ろ」というアドバイスは、「現実を変えるためにある」もの。これからは、「自分の状況を変えるため」に、現実を見ましょう。これが、「お金は今もらうべき」という正しいマネースクリプトにつながります。

✕貧乏 ○金持ち

少ないお金で生活することが正義だ
必要であればお金は使うべき

要注意 金銭警戒の傾向が強い

「少ないお金で生活しよう」という気持ちは大事ですが、「少ないお金で生活することが正義だ」という考えは間違いです。過度な倹約家を例にします。

✕生活に必要な物以外は一切買わず、お金のかかる遊びはほとんどしない、したくない
✕飲み会にも行かず、遊びの誘いにも乗らず、物事の判断基準は「価格」が最優先
✕家にも余計なものはなく、結果的にミニマリスト的な生活をしている

お金を貯めるために「節約」は重要です。しかし、過度に倹約して「少ないお金で生活することが正義だ」と思い込んでしまうと、いろいろな可能性を自ら狭めてしまいます。10万円の価値があるものが1万円で売られていても、それに気づくことすらできないでしょう。

ファストフード店が多い地域の人は貯金が少ない!?

トロント大学の研究では、「ファストフード店がある地域の人ほど貯金額が低い」という傾向が確認されています。ファストフードがあなたを貧乏にする理由は、

①高脂肪食を食べれば食べるほど、日中に眠くなり仕事の生産性が下がる
②ロゴが目に入るだけでも、人間に焦りの感覚を感じさせ、不安感が増す
③ファストフードを想像するだけで、ドーパミンがガンガン分泌されて目先の誘惑に弱くなる

などです。①は当然のこととしても、②、③の悪影響は知らない人も多いことでしょう。

ちなみに、金持ちになる食べ物は、ファストフードの逆と考えてください。野菜や果物、タンパク質がしっかり摂れる和食や、地中海式レシピ。仕事の生産性が上がる、体内の炎症を抑えて病気になりにくいなど、さまざまなメリットがあります。

あなたがもし、安さだけを求めてファストフードを食べているのなら、結果としてお金が貯まらないという、最悪の状況です。本質的な価値を考えて、必要なときにはお金を使うべきです。

✕貧乏 汗水たらして働くべきだ

○金持ち 生産性を考え、少ない時間でお金を稼ごう

要注意 金銭忌避の傾向が強い

労働時間が毎日8時間、年収500万円のフリーランスAさんがいたとします。Aさんが金持ちマネースクリプトを持っていれば、生産性を上げるために勉強したり、新しいことに挑戦したりするでしょう。人に仕事をふって、ディレクター的な立ち位置を目指すかもしれません。その結果、質は保ったまま、8時間ではなく4時間の労働で、今と同じ成果を上げることができました。空いた時間で新しいビジネスを始めることも可能です。誰もが望む状態のはずなのに、「汗水たらして働くべきだ」という人は、この行動を「良くないこと」と捉えます。

✕必要以上にお金を稼ごうとするのは下品

✕人に仕事をふって、ラクしてお金を得ようとするなんてとんでもない

✕今の収入で満足することが大事だ

このマネースクリプトを持っている人は、働いても、働いても、当然お金は貯まりません。**仕事をする上で大切なのは、「目一杯の時間、働くこと」ではなく、「価値あるものを提供すること」のはず。**ここに気づけば、「生産性を考え、少ない時間でお金を稼ごう」というマネースクリプトに書き換えられるはずです。

本当に重要な仕事は2割

リモートワークで仕事をしている会社員の方も多いと思います。あなたは、リモートワークが開始され、「仕事時間が増えた」と感じますか。それとも、「プライベートな時間が増えた」と感じているでしょうか。**本当に重要な仕事というものは、2割しかないと言われています。その2割の仕事が8割以上の成果を決めています。**

仕事時間が増えたと感じている人は、優先順位の付け方を間違えて、ムダに労働時間を長引かせている可能性があります。最も集中力を発揮できる午前中に「重要な2割の仕事をする」。時間が余れば、「残りの8割に手を付ける」と言った具合に、優先順位をつけることをおすすめします。早く仕事が終われば、プライベートを満喫しましょう。「少ない時間でお金を稼ごう」というマネースクリプトは、あなたを幸せにします。

✖ヤバいマネースクリプト[7] 裕福反発マネースクリプト

ヤバいマネースクリプト[6]では、裕福であることを回避する人たちを解説しました。次は、回避するどころか「反発」してしまうマネースクリプトです。

「裕福さ回避」マネースクリプトをさらに悪化させた状態が、「裕福反発」マネースクリプト。この人たちは、他人を攻撃します。SNSや『Yahoo!ニュース』などで、ヒーロー気取りで批判コメントばかり書いている人は、まさに裕福反発マネースクリプトの持ち主。彼らは、お金を稼いでいる人に反発し、攻撃するのです。

具体的には、次のような考え方を持っています。

✖お金持ちは他人を利用している
✖お金持ちは欲望にまみれている
✖お金持ちは人格に問題がある
✖お金持ちは孤独になる

お金を稼ぐためには「お金持ちのコミュニティ」と接する必要があります。彼らはお金を稼ぐ方法を知っていますし、儲け話はまず彼らの耳に入るからです。しかし、裕福さに反発すると、彼らを敵に回してしまうため、それらを得られません。

やたらと人を攻撃する人たち：道徳的スタンドプレー

SNSや『Yahoo!ニュース』などで、**弱っている人や、社会的に追い詰められている人に対して攻撃的なコメントを書くような行為は「道徳的スタンドプレー」からくるもの。**道徳的スタンドプレーとは、「正義のためにしている」という建前のもと、他人を攻撃することで「誰かの上に立っている」という感覚を得ようとする行為です。これをやる人たちは、

- 他人に自分を印象付けたい
- 他人に構ってもらいたい
- 社会的ステータスを手に入れたい

という気持ちが根底にあります。「お金持ちは人格に問題がある」などと攻撃しても、上に立てることは一切ないですし、むしろお金は逃げていくばかり。裕福反発マネースクリプトの持ち主は、社会的にも迷惑な存在になり得ます。

✕貧乏 お金持ちは他人を利用している
○金持ち お金持ちはWin―Winの関係をつくる

要注意 金銭忌避の傾向が強い

「お金持ちは他人を利用している。だから悪い人たちだ」という歪んだ考え方です。この考えを持っているとお金を持っている人を悪とみなします。しかし、お金持ちの行動に注目してください。お金を持っている人ほど、ボランティアや慈善事業など、見返りを求めず他人にお金を提供することが多いのです。

寄付で幸福度が上がる

たとえば、マイクロソフトの創業者ビル・ゲイツ氏は、当時のパートナーと一緒に貧困や不平等に苦しむ人を救うために「ビル&メリンダ・ゲイツ財団」を創設しました。その後も、世界一の投資家ウォーレン・バフェット氏と共に「The Giving Pledge」という寄付啓蒙活動を始めています。

彼らのような超富裕層以外も、寄付や慈善活動には積極的です。その理由は、慈善事業や寄付をすることで自分が幸福になるから。これは、ハーバード・ビジネス・スクールのマイケル・ノートン博士らの研究や一橋大学の研究などで証明されています。

ある実験で、道行く人に5ドルまたは20ドルが入った封筒を渡したそうです。その封筒にはお金と一緒に、「そのお金は自分に使ってください」という紙か、「そのお金は別の誰かのために使ってください」という紙のどちらか一枚が入っていました。

「他人のためにお金を使う」のと、「自分のためにお金を使う」のとでは、どちらが幸福なのかという検証をしたのです。結果は、「他人のためにお金を使ったほうが幸福度は明らかに高かった」とのこと。**人間は誰かに分け与えることで幸福を感じます。だから、お金持ちは自分の富を分け与えているのです。**

寄付だけでなく「出資」にも同じことが言えます。出資の基本は「あなたにお金を貸すけど、あなたが稼げるようになったら返してね」というもの。出資する側（お金持ち）だけでなく、出資された側も幸せになるＷｉｎ―Ｗｉｎの構図です。

お金持ちは自分も他人も幸せになる道を選ぶことが多いため、「お金持ちは他人を利用している」と考えるのは間違い。彼らとＷｉｎ―Ｗｉｎの関係を作ることが重要です。

✕貧乏 お金持ちは欲望にまみれている
〇金持ち お金がないと目先の欲望に惑わされやすくなる

要注意 金銭忌避の傾向が強い

「お金持ちは欲望にまみれている」というのは先入観以外の何物でもありません。確かに、お金持ちになる人の中には、欲があるからこそストイックに働き、事業を成功させた人もいるでしょう。しかし、実際には「お金を持っていない人のほうが自制心が弱い」傾向にあります。理由は、お金がないと正常な判断ができず、目先の欲望に惑わされやすいから。「お金がない」ことが、不正な行為をする引き金になるのです。

お金とＩＱの相関関係

お金がないとIQは下がります。頭の中は常にお金のことでいっぱいなので、あらゆる判断力が低下。「お金持ちは欲望にまみれている。なぜ自分ばかり馬鹿をみるんだ」と、SNSなどで実際に攻撃を始めてしまうのです。

さらに悪化すると、会社の同僚や友人も攻撃対象になり得ます。同僚が副業で収入を上げていたり、投資で成功していたりする場合、「あいつは欲深くなった」と攻撃します。

信じたらアウトのアドバイス

もし、自分が攻撃されている側だとしたらどうすればいいでしょうか。分かりやすい攻撃であれば、当事者から離れること。厄介なのは、アドバイスを装って、自分と同じステージに引きずり込もうとする人たちです。彼らは、次のような言葉を使います。

- 俺が若いころには（昔のよく分からない武勇伝を語っているだけ。今は通用しない）
- 君のためを思って（自分の取るに足らない自尊心を守ろうとしているだけ）
- 悪いことは言わないから、やめたほうがいい（変化や挑戦が怖いだけ）
- お前もそろそろ（お前もそろそろ結婚したほうが……など、自分の価値観を押し付けているだけ）
- 世の中甘くない（自分が通用しなかったのを認めたくないだけ）

こんなアドバイスをしてくる人からは、そっとフェードアウトすべきでしょう。

✕貧乏
〇金持ち

お金持ちは人格に問題がある
所有している資産額と人格は関係がない

要注意 **金銭忌避の傾向が強い**

「お金持ちは人格に問題がある」というマネースクリプトは、前述した「お金持ちは他人を利用している」「お金持ちは欲望にまみれている」（P152〜155参照）という歪んだ思考からくるもの。

このマネースクリプトの怖いところは、逆説的に「人格に問題がある人＝金持ち」と思い込んでしまうこと。結果、「傍若無人で横柄だけど、お金は持っていそうな人」に、騙されます。

詐欺師の嘘を見抜くテクニック

人間は相手の表情やしぐさから嘘を見抜くことは、ほぼ不可能と言われています。そこを改めて調べてくれたのがイェール大学の研究です。

この研究では、1800人の男女を次の3つのグループに分けて、「相手の感情を読んで点数をつけてください」と伝え、さまざまな実験を行いました。

①相手の顔だけに注目してもらう
②相手の声だけに注目してもらう
③相手の顔と声の両方に注目してもらう

すべての実験において、②の声だけに注目したグループが圧勝だったとのこと。**声だけに注目したほうが、相手の本音・嘘を見抜く能力が最も高くなったのです。**人間の脳はたくさんのものに同時に注目するのが苦手。視覚情報を処理しながら、同時に聴覚情報を処理するというのは脳に負荷がかかりすぎます。話の雲行きが怪しくなったときには、相手の声のトーンや声色など細かいところに注目してみてください。

ただし、これはあくまでもテクニック。騙されやすい性質を根本から変えるには、「お金持ちは人格に問題がある」という何の根拠もない思い込みを壊して、「所有している資産額と人格は関係がない」というマネースクリプトに書き換えることです。

✕貧乏 お金持ちは孤独になる
○金持ち あえてひとりを選択することがある

要注意 金銭忌避の傾向が強い

ドラマや映画などで「孤独なお金持ち」という設定は多いもの。実際、「お金を持つと周りから人が離れていき孤独になる」と思っている人は少なくありません。この考え方は間違っています。

たとえば、学生時代からの友人が起業してお金持ちになったとします。その友人に対して「昔はもっと付き合いが良かったのに、最近は誘いに全然乗ってこない。あいつはお金を持って変わった」と思う人もいるでしょう。しかし、それは友人が変わったのではなく、単にステージが変わっただけの話。自分の状況が変わったら、付き合う人も変わります。「お金持ちは孤独になる」というマネースクリプトを持っていると、次のような状況に陥ります。

✕ 年収が上がるけど同僚から嫌われそうだから転職しない

✖投資で稼げそうだけどお金を持ったら周りから浮きそうだからしない

このように、自らお金を遠ざけてしまうのです。

金持ちは自律的モチベーションを活用する

「金持ちが孤独」というのは間違ったマネースクリプトですが、お金持ちがあえて友人の誘いを断ったり、ひとりで行動したりする確率は高いでしょう。彼らは、ひとりの時間が自分にとっていかに大事かを知っているからです。**「自分のためにひとりで過ごす時間を選択する」ことを「自律的モチベーション」と言います。**金持ち体質の人は、この「自律的モチベーション」を活用します。たとえば、

- 週末は友人と食事に行くのはやめて、自分を成長させるために使う
- 会社の飲み会に参加するのをやめて、自分をリフレッシュさせるために使う

などです。惰性で時間を使うより、勉強やリフレッシュの時間に充てたほうが有益です。あなたの「お金持ちは孤独になる」という貧乏マネースクリプトは、書き換えられたでしょうか。

ヤバいマネースクリプト8 ギャンブラーマネースクリプト

破産する貧乏マネースクリプトの8つ目は、ギャンブラーマネースクリプトです。このスクリプトを持っていると、具体的には次のような行動が生じます。

- 過去にギャンブルで失敗したにもかかわらず、いまだにやめられない
- ストレスから逃れるためにギャンブルをする
- ギャンブルをやっていることを家族や友人に隠す

次に挙げるものには、ギャンブルと関係ないことも交じっているように見えますが、すべて、ギャンブラーマネースクリプトに当てはまります。

- 安全などつまらない。リスクを取るべき
- 人生は短い

❌ 競争社会で勝者になりたい

❌ 努力すれば必ず勝てる

ギャンブルで老化が進む

アメリカ心理学会が、「日常的に慢性的なストレスに悩んでいる人が、取りやすい行動」を発表しました。お酒、タバコ、ショッピングと続き、大きな悪影響をもたらすのはギャンブルとのこと。**ギャンブルをすると、脳が異常な興奮状態となり、その結果、さらにストレス反応が強く生じてしまいます。ギャンブル依存の人は老化が進むと言えるぐらい、体にも良くないものです。**

ギャンブルにハマって、失うのはお金だけではありません。「免疫力が落ちる」「病気がちになる」など、人生に悪影響を及ぼす、隠れたコストも発生していることを認識しましょう。

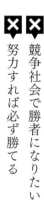

✕貧乏 安全などつまらない。リスクを取るべき
○金持ち 綿密なリサーチのもと、適切なリスクを取る

要注意 金銭忌避の傾向が強い、金銭崇拝の傾向が強い、金銭地位の傾向が強い

「安全などつまらない。リスクを取るべき」と考えている人は、ギャンブラーマネースクリプトを持っている可能性が極めて高いです。特に起業したいと思っている人は注意しましょう。

日本では起業すること自体がハイリスクと思われています。「起業家は皆リスクを取っている」と考えている人も少なくありません。確かに、起業家はいろいろなリスクを取っているのは事実です。金融機関や投資家からお金を借りることもリスクですし、安定して給料をもらえる会社員をやめることもリスク。人によっては自己資金をすべて事業に投下することもあります。

しかし、実は本当に成功する起業家は、一見、リスクを取っているようでいて、最大限リスクヘッジをしているのです。自分が参入する事業について徹底的に調べ、競合他社や

マーケットの将来性、参入障壁の高さなど、考えられるリスクをすべて洗い出します。その上で「参入の余地あり」と判断したときだけリスクを取る。これが成功する起業家です。

新しい挑戦に使えるテクニック「エフェクチュエーション」

エフェクチュエーションとは、成功した起業家の思考プロセスなどを体系化した理論のこと。そのひとつに、「これからする挑戦が、成功するかどうかを考えるよりも、失敗したときにどれだけ苦境に耐えることができるのか」を考えたほうが、メンタルが安定し、一歩を踏み出しやすいという心理があります。

具体的な方法としては、

- 1年間収益が上がらなかったから〇〇して耐えていこう
- 周囲からの反対があった場合に備えて、説得できる材料を用意しておこう

というように、これから起こる可能性がある逆境に対して、自分がどのように耐えていくのかということをリストアップすること。

起業など、新しい挑戦をしたい人は、失敗への対処法、自分が耐えることができる期間、条件などを明確にしておくことです。

✕貧乏 人生は短い
○金持ち 人生は長い

要注意 全タイプ

「人生は短い」というマネースクリプトを持っているほど、目先の利益を優先し、ギャンブルにハマります。長期的な視点で物事を考えられる人は、目先の欲望に負けないため、ギャンブルには目もくれないでしょう。

たとえば、20年先を見据えて人生設計をしているAさんと、今しか考えていないBさんを比較してみます。2人とも同じ会社に勤務しており、ボーナスを60万円もらったとしましょう。

■ 長期的な視点で物事を考えているAさん：60万円のうち30万円は長期的な投資をし、残りの30万円を使うなら日常的な使い方をする
■ 今しか考えていないBさん：海外旅行、高級時計、目の前にある楽しそうなものな

ど、欲しいものに全額つぎ込む

Bさんが、お金が貯まらないのは当然です。人生100年時代と言われている現代で、「人生は短い」というマネースクリプトは危険です。

世界は短期的な方向に進んでいる

世界で最も影響力のある経営思想家ランキング「Thinkers50」に2回選出されているドリー・クラーク氏は、著書の中で、「短期的な方向に進めば進むほど、長期的な人生では損」ということを教えてくれています。

今、世界はどんどん短期的な方向に進んでいます。2時間かけて映画を見ていた私たちは、テレビドラマを1時間で見るようになり、いつしか10分や20分で終わるYouTubeを好むようになりました。極めつけはTikTokの登場です。

短い時間で簡単に見て、すぐに結果を欲しがるようになっているのです。

世の中の「短期的な流れ」に飲み込まれず、あなたは「長期的に物事を捉え、自制心を持つ」という考え方を大切にしてください。

×貧乏 競争社会で勝者になりたい
○金持ち ムダな勝負はしないほうがいい

要注意 全タイプ

「人生には必ず勝ち負けがあり、自分は勝者になりたい」という考えは、ギャンブラーマネースクリプトにつながるので要注意。金持ち体質の人は、「ムダな勝負はしない」と常に考えています。この点については、私を例に解説します。

現在の私は、ビジネス系の発信者の中で、収入においては上位に入っているでしょう。その理由は、ムダな勝負を避けたからです。

私の収入源のひとつである『Dラボ』は、独自でプラットフォームを作っているため、多くのYouTuberたちと争う必要はありません。一度『Dラボ』に加入してもらえれば、ほかのビジネス系の発信者と比較されにくいのです。

つまり、私はYouTubeという競合ひしめく中で戦わなかったからこそ、『Dラボ』の有料会員数を伸ばして、ビジネス系発信者の中で上位に入ることができたのです。YouTube内で勝負していたら、今の結果を得られていなかったと思います。

激しい競争環境が危険：インポスター症候群

社会的に成功しているのに、「自分の価値は偽物」と思ってしまうことを「インポスター症候群」と言います。インポスター症候群の大きな原因のひとつが「激しい競争環境」。これは、ミッドウェスタン大学で、８１８人の新入生と2年生を集めて行われた研究で明らかになりました。

たとえば、証券会社や保険会社など営業成績で競い合う環境。お互いに同僚だけど、ライバルという存在です。このような競争環境に身を置いていればいるほど、人はインポスター症候群になりやすいということです。

隣の芝は青いという言葉のように、人は、周りの人の能力が高く見えてしまうもの。実際の能力に関係なく、競争環境にいるだけで、自分に対する自信は減少していきます。

ムダな勝負はせず、競争から降りるというのは、ビジネスでも賢い選択です。

✕貧乏 努力すれば必ず勝てる
○金持ち 勝つことではなく負けないことが大事

要注意 全タイプ

投資は儲かるか損するかの世界。どうしても勝ち負けが発生します。そのときに足かせになるのが「努力すれば勝てる」というマネースクリプト。逆に追い風になるのが、「勝つことではなく負けないことが大事」というマネースクリプトです。

投資の神様と呼ばれているウォーレン・バフェット氏は、投資をする上で次の2つのルールを重要視しています。

■ **ルール1：絶対に損をしないこと**
■ **ルール2：ルール1を絶対に忘れないこと**

投資を始める人は「どの企業の株が上がりそうか？」「どの手法で売買すれば利益を最

大化できるか？」など、利益を伸ばそうと考える人が多いでしょう。しかし、バフェット氏のルールに則《のっと》ると、まずは損をしないことを考えるべきです。

メンタリストが4000万円騙された

実は、テレビに出始めたころ、4000万円強の投資詐欺に引っかかった苦い経験があります。当時は大学院生で、テレビデビュー初年度。売上ベースで1億2000万円程度稼いでいました。これは、私がすごいということではなく、講演会など、めちゃめちゃ労働した結果です。

その苦労して得たお金を「毎月10％のリターンがある」と言われ、最終的に4000万つぎ込んだとき、詐欺師に持ち逃げされました。「自分はメンタリストだから、人を見る目がある」と過信していたことが原因だと思っています。

ウォーレン・バフェット氏の言葉に「リスクとは、自分が何をやっているかよく分からないときに起こるものです」というものがあります。

「必ず勝てる勝負」は存在しません。負けないために、あらゆる努力をするべきです。私の経験からも断言できます。

✖ヤバいマネースクリプト9 衝動買いマネースクリプト

皆さんの中に、「気づいたらリボ払いの支払額が大変なことになっていた」という人はいませんか。次に挙げていることに心当たりがある人は、衝動買いマネースクリプトを持っている可能性が高いでしょう。

- 自分の気分を良くするために買い物をする
- 買い物をした後に罪悪感や恥ずかしさを抱く
- 友人や家族に対して自分の支出を秘密にしている
- 買い物ができないと不安や焦りを覚える

衝動買いマネースクリプトの根底には、次のような考え方があります。

✖どうせ私は裕福になれない

❌お金のことはパートナーに秘密にしたい
❌いい人であればお金の問題は解決する

すべて、破産のリスクが目の前に迫っている人の考え方です。

キャッシュレスの罠

現金を持ち歩かない人も増えました。マサチューセッツ工科大学が「現金で買い物をするより、キャッシュレスで買い物をするほうが支払い意欲が高まる」という研究結果を発表しました。キャッシュレスになると、

- 現金に比べて、出費の痛みを感じにくいので、お金が出ていきやすくなる
- 目の前のものが、自分に見合うものか否かの判断力が下がるので、ジャンクフードなど、不健康なものに手を出しやすくなる
- ムダづかいやお金の失敗を忘れやすくなる

という現象が起こります。キャッシュレス文化は、これからさらに加速していくでしょう。衝動買いマネースクリプトの持ち主は、今まで以上に危険な状態に置かれます。

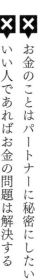

✕貧乏 どうせ私は裕福になれない
○金持ち 誰でもお金は貯められる

要注意 全タイプ

「自分は裕福になれないため、本当に欲しいものは買えない」という考え方です。買わないなら、「ムダな出費が抑えられるのではないか」と思う人もいるかもしれません。実は逆で、「どうせ自分には無理だから」と何もかもあきらめてしまい、それが衝動買いにつながってしまうのです。

たとえば、「将来は地元に家を建てて両親と一緒に住みたい」と思っていたとします。ムダづかいをせずにコツコツとお金を貯めれば、誰しも叶えられるチャンスはあるでしょう。

しかし「自分の欲しいものを手に入れられるほど私は裕福になれない」という貧乏マネースクリプトを持っていると、「私が裕福になることはないから無理だろうな」と最初からあきらめてしまいます。貯金しても無意味だと思っているので、ドラッグストアやコンビニで必要ないものを買い込んだり、歩ける距離なのにタクシーに乗ったりと、無意識に散財をします。

「無意識の散財」をなくすテクニック

「無意識の散財」に心当たりがある人は、お会計の前に、「同じ金額で、ほかに何を買うことができるか3つ以上想像する」ことをルール化してください。帰宅中にコーヒースタンドで合計1000円のスコーンとカフェラテを買おうとしているのなら、

- 仕事に役立つ書籍が買える
- 明日の昼食代に充てられる
- 週に3日のコーヒースタンドを我慢すれば、一か月で1万2000円貯められる

などと、想像します。

最初は衝動を抑えられなくても、徐々に「無意識の散財」はなくなることでしょう。

お金が貯まるか、貯まらないかは、「あなたの今現在の収入が多いか、少ないか」はさほど問題ではありません。「ムダづかいしなければ、誰でも貯められる」と思うことです。

✕貧乏 お金のことはパートナーに秘密にしたい

○金持ち 「他人の監視」があったほうが資産管理がしやすい

要注意 全タイプ

「お金のことをパートナーに秘密にしている」という人も多いと思います。これが、衝動買いマネースクリプトにつながります。なぜなら、監視の目がないからです。

収入も支出も貯金額も共有しておらず、お金の話をされてもはぐらかす人もいます。こんな人は衝動買いもし放題です。

貯金を65%増やす方法

確実に貯金を増やす方法を紹介します。貯金の目的と金額をパートナー(パートナーがいない人は第三者)に公表することです。

チリの経済学者フェリペ・キャスト氏、ハーバード大学のダイナ・ポメランズ氏らが行った貯金に関する研究があります。**この研究では、「公表した人のほうが、公表しな**

かった人より、65％も貯金額が増えた」とのこと。「他人の監視」があったほうが資産管理がしやすいという金持ちマネースクリプトにもつながります。

自動的に行動してしまう：認知的不協和の解消

なぜ公表したほうが、お金が貯まりやすいのでしょうか。これは「認知的不協和の解消」という心理が関係しています。公表することで、次のような心理がめばえます。

- 公表した目標と現実の自分に差があるのが気持ち悪い
- 公表した以上、失敗したら恥ずかしい
- 目標に近づくよう、何が何でもお金を貯めよう

このように、公表したことで生じる「認知的不協和」を解消しようとするのです。お金だけでなく、ダイエットや転職の計画、将来の夢など、叶えたい目標は秘密にせず、第三者に公表すべきでしょう。

✕貧乏 いい人であればお金の問題は解決する
○金持ち 全方位にいい人でいると、大切なものを失う

要注意 全タイプ

「善人であればお金に困ることはない」という考え方です。人を助け、善行をしていればいつか報われると信じている人は、残念ですが大切なものを失うでしょう。特に、次のような行動をしてしまう人は要注意です。

- 周りに合わせてそこまで欲しくないものを買ってしまう
- 人間関係を築くためにお金を分け与えることがある
- 身近な人に金銭的な責任を負わせたくないので、気軽にお金を貸してしまう

この行動、あなたに見返りはないと思ってください。

5分ルールを持つ

冷たく聞こえるかもしれませんが、むやみに人を助けると、自分の大切な人を助けられなくなります。「ボランティア依存症」という言葉を知っていますか。ボランティア依存症の人は、自分の家庭を犠牲にしてまでボランティアをし続けます。誰かを助けることによって、自分や大切な人が犠牲になるのなら、その行動は間違っています。

ペンシルベニア大学のアダム・グラント教授は、人を助ける条件として、次の2つを挙げています。

①相手が目の前にいる場合は助ける
②5分程度の親切をする

5分程度なら自分には負担がかからず、たとえ助けたことを相手から忘れられたとしても、ダメージは受けません。

✕ ヤバいマネースクリプト⑩ 過少支出マネースクリプト

「お金を貯めるためにはムダづかいはやめるべき」と、何度も解説してきました。しかし、過度に支出を抑えようという話ではありません。この点を分かっておかないと、必要なものにもお金を使えなくなります。

次の考えを持っている人は、過少支出マネースクリプトを持っている可能性が高いので要注意。

- ✕ お金は貯めるべきであり使ってはいけない
- ✕ いくらお金があっても安心はできない
- ✕ お金がかかることはやらない

特に、金銭警戒の傾向が強い人は当てはまりやすいので注意しましょう。

幸せを求めて行動すると、収入がアップする

イリノイ大学のエド・ディーナー博士らの研究で、人は「お金を得ること」よりも「幸福になるかどうか」と考えると、

- 3倍クリエイティブになる
- 31%生産性がアップし、収入が高くなる
- ストレスが減り、寿命が長くなる

ということが分かっています。

読みたい新刊があるのなら、買って読書時間を楽しめばいいと思います。旅行することで気持ちがリフレッシュできるのなら、年に数回の旅行はあなたのストレスを減らしてくれるでしょう。「お金がかかるから」という理由で、家に閉じこもっていると、体力は落ちていきます。

「お金がほしい」と思っているのなら、日々のささやかな幸せには、むしろ経費を割くべきです。

✕貧乏 お金は貯めるべきであり使ってはいけない
○金持ち お金と時間を増やすためにお金を使う

要注意 金銭警戒の傾向が強い

「お金は貯めるべきであり使ってはいけない」というマネースクリプトを持っていると、お金を増やすチャンス、そして人生の大切な時間も失います。たとえば、家事が苦手な人の場合、次のようなお金の使い方ができれば、1日に2時間10分の時間が生まれます。

- 食器洗い乾燥機を買って皿洗いの時間を減らす（1日40分）
- お掃除ロボットを買って掃除する時間を減らす（1日30分）
- 冷凍のお弁当を注文して料理の時間を減らす（1日60分）

捻出した時間で副業に取り組むなら、時給1300円換算で月に約8・4万円、年間100万円以上も収入が増えます。苦痛だった家事の時間をリフレッシュ、独学、読書など、人生を豊かにする時間に変えることもできるでしょう。

「時は金なり」を科学的に証明：時間ドル思考

時間をドル（お金）に換算する考え方を「時間ドル思考」と言います。ハーバード・ビジネス・スクールのアシュリー・ウィランズ氏が、ビジネスパーソンに現金を配り、自由に使ってもらうという実験を行いました。配られたお金を使って一番幸せな気分を感じたのは、「自分の欲しいものを買ったり、美味しいものを食べたりした」場合ではなく、「家事代行サービスを雇い、自分の時間を買った」場合でした。

金銭警戒の傾向が強い人は、1円でも安く何かを手に入れるために値引き情報を検索していたら、1時間経ってしまったという経験もあるでしょう。この行動は、自分の幸福度を激烈に低下させます。幸福度をドルに換算したときの差額が調べられています。日常的にお得情報を探している人と、そうでない人とでは、年間で3300ドルほども幸福度に差が出るとのこと。日本円にして約45万円分、幸福度が下がっているということです。

人が時間や幸福度よりもお金を重視してしまうのは、数字として見えるお金のほうが計算しやすいということが原因です。病的な倹約家の人は、「時間」や「幸福度」をお金に換算する「時間ドル思考」を頭に入れておくことをおすすめします。

✕貧乏 いくらお金があっても安心はできない
○金持ち 貯めるお金の上限を決める

要注意 金銭警戒の傾向が強い

「お金がいくらあっても安心できない」という人は、極端な話、1億円稼いでも幸福感を得られません。資産が増えても「まだ足りない」と思ってしまい、自分の幸せのためにお金を使えないのです。このマネースクリプトを持っている人は、「貯めるお金の上限を決める」という考えに書き換えましょう。上限の決め方は、金持ちマネースクリプト「資産を管理して『未来の計画』を立てる」（P118参照）の方法が役立ちます。長期的視点で未来の計画を立て「いくらあれば暮らしていけるか」の数字を明確に出せば、「お金がいくらあっても安心できない」という状態から抜け出せます。

未来への不安を消す方法：防衛的ペシミズム

科学的に未来の不安を消す方法があります。「防衛的ペシミズム」というテクニックで、

「将来起こるかもしれないネガティブなこと＋対策」を考えるというもの。Ｐ１６３で紹介した「エフェクチュエーション」は、この「防衛的ペシミズム」をビジネスに応用したものです。やり方は基本的に同じ。漠然とした不安ではなく、次のように、**具体的に、徹底的に「ネガティブなこと＋対策」**をリストアップするのがポイントです。

■会社の業績悪化でボーナスが下がり続けるかもしれない
⬇○万円を下回ったら、副業を始めよう
■病気で働けなくなるかもしれない
⬇会社の休職制度を利用しよう。傷病手当金も○万円もらえる
■パートナーが働けなくなる日がくるかもしれない
⬇今すぐにお互いの資産額を把握しておこう。そのときがきたら、家賃を下げるため、「会社から○分以内の距離」を条件に、引っ越しをしよう

心理学者のジュリー・Ｋ・ノレム氏は、「未来をポジティブに考えるよりも、最悪な状況を想像したほうが、未来に対する不安が減る」と説いています。リスクも含めて未来の計画を立て、貯金の上限を明確にすれば、あなたの不安は消えるはずです。

✕貧乏 お金がかかることはやらない
○金持ち やりたいことがあるからお金を稼ぐ

要注意 金銭警戒の傾向が強い

「自分のためにも、他人のためにもお金を使えない」という人がいます。そういう人はわずかな貯金はできるかもしれません。しかし、やりたいことがあるのにお金を使わないのは、自分の欲求を抑えている状態。自分に何の幸福も与えられない状態が続くと、当然モチベーションが下がります。その結果、一生懸命仕事をしたり、お金を増やしたりするための勉強さえも放棄してしまうため、収入は増えません。

私たちの幸せを左右するPERMA理論

「やりたいことがあるけどお金がかかることはやらない」という人は、「漠然とした虚しさ」や、「このまま生きていても楽しいことがあるのだろうか」というネガティブ思考を抱えがちです。

心理用語で「PERMA理論」というものがあります。次の5つの要素があるかどうかが、私たちの人生の幸せを決めるとされています。

①**P**（Positive emotion／ポジティブ感情）：ネガティブな出来事に対して、ポジティブな側面を見出すことができるか
②**E**（Engagement／没頭・没入）：没頭できることがあるかどうか
③**R**（Relationship／良好な人間関係）：周囲の人と良いコミュニケーションが取れているか
④**M**（Meaning／人生の意味や意義）：人生に対して何かしらの意義を見出せているかどうか
⑤**A**（Accomplishment／達成）：どんなに退屈な仕事であっても、毎日の小さな進歩を感じることができるか

この中で、人が幸せになるために最も重要なのは、④「人生の意味や意義」を見出せているかどうかです。金持ち体質の人が、「やりたいことがあるからお金を稼ぐ」というマネースクリプトを持つ意味が分かると思います。自分の人生の意味や意義を見出せていると、長期的なモチベーションを維持できます。やるべきことに対する計画性も備わります。人生の意味や意義は自分で見つけるもの。自分がやりたいこと、人生で成し遂げたいことのために、お金を稼ぐようにしましょう。

ヤバいマネースクリプト11 ワーカーホリックマネースクリプト

ワーカーホリックとは「仕事中毒」という意味です。プライベートを犠牲にしてまで仕事に打ち込んでしまう状態のこと。働きすぎで心身を壊し、逆に収入が下がるというつらい状況にもなり得ます。ワーカーホリックマネースクリプトを持ちやすい人は、次のような考え方をする人です。

- いくら稼いでいるか聞かれたら低めに答えるべき
- もっと稼げば幸せになれる
- 収入を上げて、認められたい

ワーカーホリックマネースクリプトを持っている人は、お金を稼ぐことが目的になってしまい、お金を稼いだ後の自分を見失います。お金を稼ぐ目的は「自分が幸せになるため」であり、お金を手にすることではありません。その本質を見誤ると、お金を稼いでも全然幸せにならないという状況に陥ってしまうのです。

汗水流して働くことを美徳と感じる日本人は、ワーカーホリックになりやすい傾向にあります。厚生労働省の調査によると、日本人の「一人当たりの平均年間労働時間」は昔に比べると減っているものの、それでもフランスやイギリス、ドイツなど、特にヨーロッパの先進国に比べるとまだまだ長いです。

数十年前までは、先進国の中でも日本は圧倒的に労働時間が長かったので、そのころの風土が受け継がれている会社もあるでしょう。日本人全員がワーカーホリックマネースクリプトには注意したほうがいいと言えます。

今の時点で労働時間が長くない人も、転職をしたら、どんな働き方になるかは分かりません。自分には関係ないと思わず、最後まで読んでほしいです。

✕貧乏 いくら稼いでいるか聞かれたら低めに答えるべき

○金持ち 自分が生み出した価値を数値化し、稼ぎに自信を持つ

要注意 全タイプ

学生時代の友人と久しぶりに会ったときに年収の話になったとします。そのとき、本来の年収より低めに答えてしまうなら、ワーカーホリックマネースクリプトを持っている可能性が高いです。年収を低めに答えるということは、「自分はその年収に見合った仕事ができていない」と思い込んでいるということ。だから、不安で働きすぎてしまうのです。

ベストな労働時間とは？

ベストな労働時間については、さまざまな研究が行われています。まとめると、ベストなのは週30時間未満。**「週に30時間以上働くと認知機能が低下する」「労働時間が週に40時間を超えると死亡リスクが大きく上がる」ということが分かっています。**

では、働きすぎはなぜやめられないのでしょうか。

もっと働かないと認めてもらえない不安「インタンジビリティ」に要注意

ロンドン大学シティ校が運営する、キャス・ビジネス・スクールの500人のサラリーマンを対象にした調査によると、**働きすぎる人たちは「頭を使う仕事をしていて、不安を感じやすい」という共通点があった**とのこと。**彼らが注意すべきことは「インタンジビリティ」です。インタンジビリティとは、「形がない」という意味。**

知識労働の人たちは、作ったものが目に見えないことが多いものです。目に見えないので、自分が仕事をしたという実感を得にくく、「もっと働かないと認めてもらえない」という不安を抱きやすくなるのです。これが、「いくら稼いでいるか聞かれたら低めに答えてしまう」という行動につながります。なぜか自分の働きに不安があるのなら、自分のしている仕事を数値化し、「この収入なら〇〇はすべき」と規準を設定。そこをクリアしたら、意識的に自信を持つようにしましょう（ただし、売上を基準にするとモラルやモチベーションが下がるので、「タスク達成度」など、別の基準を設けることをおすすめします）。インタンジビリティへの対策を立てることで、「稼ぎに自信を持つ」という金持ちのマネースクリプトに書き換えられるはずです。

✕貧乏 もっと稼げば幸せになれる
○金持ち お金の使い方次第で幸せになれる

要注意 金銭崇拝の傾向が強い

お金を持っていれば、自由度も幸福度も増すでしょう。しかし、本当に重要なことは「お金を手にすること」ではなく、「手に入れたお金をどう使うか」です。

ある程度お金が貯まってくると、足りないものが段々なくなってくるため、「自分にとって価値のあるものが何なのか分からなくなる」という心理状況に陥ることがあります。ここに、「もっと稼げば幸せになれる」というマネースクリプトが加わると危険です。「とにかく働いて、お金を稼げば幸せになる」と思ってしまうからです。

幸せをお金で買う方法

幸福度を高めるお金の使い方に関しては、ハーバード・ビジネス・スクールのマイケル・ノートン博士と、カナダのブリティッシュ・コロンビア大学のエリザベス・ダン博士の著書『「幸せをお金で買う」5つの授業』（KADOKAWA）が参考になります。そこには、**幸せを感じるためのお金の使い方は、「経験を買う」「時間を買う」「他人のために使う」と書かれています。**これは、日本人の富裕層を対象にした調査結果からも、頷けることです。

日本人の富裕層が欲しいものは「自由な時間」

2005年にハイライフ研究所が、日本の富裕層のライフスタイルについて調べています。ここで対象にされた富裕層は世帯年収が3000万円以上、あるいは、金融資産が5000万円以上の人。この富裕層たちに、「何が欲しいですか」と、アンケート調査を行いました。その結果、多くの富裕層が望んだのは「自由な時間」でした。

一生懸命働いて、年収3000万円以上のトップ1%のレベルに上り詰めたとき、結局、人間が求めたのは「自由でゆっくりした自分の時間」だったのです。

「もっと稼げば幸せになれる」というマネースクリプトの持ち主が一番犠牲にするのは、「自分の時間」です。「お金の使い方次第で幸せになれる」と書き換えれば、人生がもっと豊かになるでしょう。

✕貧乏 収入を上げて、認められたい
○金持ち 収入を上げて、望む生活をしたい

要注意 金銭地位の傾向が強い

「月○○万円稼ぎたい！」と収入の目標を立てることは、悪いことではありません。しかし、金額に固執しすぎると稼ぐこと自体が目的となり、本質を見失います。

特に気を付けてほしいのが、金銭地位の傾向が強い人。たとえば、最初は「月に100万円稼いで、パートナーと不安なく暮らしたい」ということが稼ぐことの目標だったかもしれません。ですが、金銭地位の傾向が強い人は、月に100万円を達成すると、ブランド品や高級車などの地位財を持つことで、自分の経済力を周囲に証明しようとします。過度な承認欲求で当初の目標を達成するどころか、稼いでも稼いでも散財しつづける状態になってしまうのです。お金を稼いで自分は何がしたいのか、本質を忘れないようにしましょう。

無差別承認欲求の罠から抜け出す方法

私が抑えることができるようになって良かったと思うことに、「無差別承認欲求」というものがあります。私はテレビに出始めのころ、視聴者、テレビ関係者、出演者、とにかくみんなから承認されたいと思っていました。「自分の尊敬している人や、大事な人」に認められるために努力することは確かに重要です。でも、「自分にとってどうでもいい人」に認められることに、なぜあそこまでこだわっていたのか。当時の自分を愚かに思います。

経営者がYouTuberになったり、逆にYouTuberがタレントになったり、多くの人が無差別承認欲求を満たすために生きています。無差別承認欲求を抑えられない人は、次のような状態に陥ります。

①みんなに認められることを幸せに感じる
②みんなに認められないと怖くなる
③みんなに認めてもらうために、大勢の顔色をうかがうようになる
④自分を殺して生きていくしかなくなる

無差別承認欲求にとらわれなくなると、「誰かに承認してもらう」ためではなく、「自分のために自分の魅力やスキルを高める」方向に人生が向かうようになります。

本質的にも、長期的に考えたときにも、そのほうがより良い人生になるのは間違いありません。

「Twitter や YouTube でフォロワーが10万人とか100万人集まったとしても、10年経てばサービス自体が残っていないかもしれません。

重要なのは、他人から認められることではなく、

■自分のために自分の魅力とスキルを高めること

■稼いだお金でどう生きていきたいのか

この2つを見失わないことです。無差別承認欲求から離れるだけでも、人生は激烈に変わります。

特　典

WORK

マネースクリプトワーク6

ワークでマネースクリプトを深掘りする

第1〜第3章で、あなたの歪んだマネースクリプトは、正しいマネースクリプトに書き換えられました。しかし、幼少期に形成されたマネースクリプトは根強い。時間の経過、置かれた環境で、徐々にまた歪んでしまうことがあるでしょう。P47で、診断テストは繰り返し行うことをおすすめしました。「何だか最近上手くいかない」など、人生に悩みが出てきたら、これから紹介するワークも合わせて取り入れてもらいたいと思います。

ファイナンシャル心理学の権威であるクロンツ親子が提唱しているワークを一部アレンジし、目的別に6つ用意しました。ひとつのワークを行うだけでも、大きな効果が得られます。「目についたもの」「目的と合致しているもの」など、自分で選んでやってみましょう。

1 マネーストーリー（P198）：基本のワーク。「なぜこのマネースクリプトを持ってし

まったのか」が分かる。どのワークを行うか迷ったら、まずはマネーストーリーから

2 マネーマップ（P208）：「自分のマネースクリプトが形成された根本的な原因」が分かるワーク。**ワーク1**マネーストーリーをもっと深く追求するイメージ

3 ロス認識トレーニング（P226）：変えるのが難しそうな「自分自身に根づいてしまったマネースクリプト」を正すワーク

4 マネーグリーバンス（P232）：お金や人に裏切られたことによって、過度な不信感がある人の考え方を正すワーク

5 マネーエンパワーメント（P238）：失敗すると立ち直るまで時間がかかる人や、落ち込んだときに復活まで時間がかかる人の考えを正すワーク

6 マネーマントラ（P244）：自分のネガティブな体験から新たなマネースクリプトを作り出す。自分の行動指針を作るワーク

ワーク1 マネーストーリー

まずはマネーストーリーを紹介します。マネーストーリーは、ワーク2マネーマップの簡易版であり、前段でもあります。マネーマップは少し時間がかかるので、マネーストーリーだけ取り組んでもいいでしょう。もっと深掘りしたいと思ったら、ぜひマネーマップもやってみてください。

マネーストーリーとは、お金に関する過去の体験から、歪んだマネースクリプトを浮き彫りにするワーク。お金に関する考え方は幼少期の経験から作られるため、そこを深掘りすることで「原因」を探せます。本書の中で「繰り返し読むべき箇所」も分かることでしょう。具体的な流れは次の通りです。ワークシート（P204）に書き込んでください。

①記憶に残っているお金の経験を書く
②経験と感情を紐づける（思ったことを書く）
③テンプレートに当てはめて、原因を特定する

■①記憶に残っているお金の経験を書く

幼少期から18歳くらいまでを振り返って、記憶に残っているお金の経験を5つ以上ピックアップする。

【書き方のポイント】

誰かからお金をもらったときや、それを使ったとき、あるいはお金に関して両親と話したり、両親に注意されたりした経験を思い出す。ポジティブな経験とネガティブな経験どちらでも構わない。

【Aさんの場合】

■初めてひとりで買い物をしたときは大人になった気がした
■欲しいゲームを買ってもらえなかったので、お金を持っている友人が羨ましかった
■お年玉をたくさんもらったので友達に自慢していたら母に怒られた
■母に父の給料を聞いたら「そんなこと聞くものではない」と怒られた
■父が投資でお金を失ったことで、両親の関係が悪くなった

■②経験と感情を紐づける（思ったことを書く）

①で、記憶に残ったお金の経験を書き出した後は、その経験に感情を紐づける。次のように「その経験からどんなことを思ったのか？」を書き出す。

【Aさんの場合】

「初めてひとりで買い物をしたときは大人になった気がした」

⬇今までは両親に何かを買ってもらっていたが、初めて自分のお金で物を買う経験をした。店員さんも自分のことを「お客さま」として扱ってくれたので、高揚感や達成感、嬉しさという感情が湧いた。

「欲しいゲームを買ってもらえなかったので、お金を持っている友人が羨ましかった」

⬇家がそこまで裕福ではなく、かつ両親が厳しかったので、おもちゃやゲームなどはあまり買ってもらえなかった。お金持ちの友人の家にはたくさんおもちゃやゲームがあり、羨ましさと悔しさを覚えた。

「お年玉をたくさんもらったので友達に自慢していたら母に怒られた」

⬇普段はお金をあまり持っていなかったが、お年玉をもらったことで手元に一万円以上のお金があった。それが嬉しくて友達に自慢していたら、母から「他人から嫌われてしまうので、お金は見せびらかすものではない」と怒られて怖かった。


「母に父の給料を聞いたら『そんなこと聞くものではない』と怒られた」

⬇テレビで芸能人が最高月収の話をしていたので、母に「父の給料はいくらか？」と質問をした。そうしたら母から「お金のことを聞くものではない。よそでもお金の話をしてはダメ」と言われたので、不思議に思いながらも言うことを聞いた。


「父が投資でお金を失ったことで、両親の関係が悪くなった」

⬇あるとき、父が母に「投資に失敗して貯金がかなり減った」とこっそり話しているのを聞いた。それ以来、両親の関係は悪くなったので、投資に対して良くないイメージがある。また、お金の話は人間関係を壊す可能性があることも知った。

■③テンプレートに当てはめて、原因を特定する

②で言語化した経験と感情をテンプレートに落とし込み、原因を特定する作業。

【テンプレート】

「この体験で心に刻まれたことは○○である。過去の経験に基づくと、自分にとってお金とは○○である」（○○の部分に、自分の事例を当てはめる）。

【Aさんの場合】

「この体験から心に刻まれたことは、お金について考えてはいけないということである。過去の経験に基づくと、自分にとってお金とは『怖いもの』『家族や他人と情報を共有しないほうがいいもの』である」

■「マネーストーリー」のワークで分かったこと（Aさんの場合）

金銭忌避の傾向が強い。自分の体験の中で、投資の失敗によって両親の仲が悪くなったことや、父の給料を聞いたら母に怒られたこと。他にも、友達にお金があることを自慢したら「そんなことをしたら周りの人から嫌われる」と母に怒られたことが、金銭忌避の傾

向が強くなる原因だった。

■「マネーストーリー」作成後の次のステップ

作成したマネーストーリーを見ながら、「貧乏マネースクリプト一覧表」（P96）の当てはまる項目に、「特に読むべき箇所」として印をつける。印をつけた箇所を繰り返し読むことで、こびりついた貧乏マネースクリプトを根本から解消できる。

【Aさんの場合】

次の貧乏マネースクリプトを正すことが必要。繰り返し読む。

■ 周りの人よりもお金を持つと嫌われる（P134）
■ お金持ちは孤独になる（P158）
■ お金のことはパートナーに秘密にしたい（P174）

①記憶に残っているお金の経験

②思ったこと

③テンプレート

この体験で心に刻まれたことは
過去の経験に基づくと、自分にとってお金とは

①記憶に残っているお金の経験

②思ったこと

③テンプレート

この体験で心に刻まれたことは
過去の経験に基づくと、自分にとってお金とは

①記憶に残っているお金の経験

②思ったこと

③テンプレート

この体験で心に刻まれたことは

過去の経験に基づくと、自分にとってお金とは

①記憶に残っているお金の経験

②思ったこと

③テンプレート

この体験で心に刻まれたことは

過去の経験に基づくと、自分にとってお金とは

※ワークシートのスペースが足りない場合は、コピーをするなどして使ってください。

①記憶に残っているお金の経験

②思ったこと

③テンプレート

この体験で心に刻まれたことは
過去の経験に基づくと、自分にとってお金とは

①記憶に残っているお金の経験

②思ったこと

③テンプレート

この体験で心に刻まれたことは
過去の経験に基づくと、自分にとってお金とは

① 記憶に残っているお金の経験

②思ったこと

③テンプレート

この体験で心に刻まれたことは
過去の経験に基づくと、自分にとってお金とは

① 記憶に残っているお金の経験

②思ったこと

③テンプレート

この体験で心に刻まれたことは
過去の経験に基づくと、自分にとってお金とは

※ワークシートのスペースが足りない場合は、コピーをするなどして使ってください。

ワーク2 マネーマップ

マネーマップは、「自分のマネースクリプトが形成された根本的な原因」が分かるワークです。作成には時間がかかります。ただ、マネースクリプトを浮き彫りにする方法としては最も効果的。ぜひ実施してほしいです。具体的な流れは次の通りです。

①「お金を意識し始めた年齢」と「自分」を書く
②お金について影響を受けた男性を書く
③お金について影響を受けた女性を書く
④お金について影響を受けた物事や出来事を書く
⑤お金の流れを書く
⑥ドル記号で影響度を書いていく（「円」や「¥」でもOK）
⑦マネーマップを分析する

マネースクリプトは両親をはじめとした「身近な人」や、育った「環境」から強く影響を受けます。マネーマップを書くことで、あなたが影響を受けた人や環境が具体的に分かるため、歪んだマネースクリプトを可視化できます。

本書の中で重点的に読み返すべき箇所が分かり、正しいマネースクリプトに書き換えやすくなるでしょう。特に「⑦マネーマップを分析する」は、自分の考え方を深掘りするフェーズ。あなたの考えはどのように作られたのか？　どう改善すべきか？　が分かります。

マネーマップを作るときは、A4サイズなど大きめの紙に書き込んでください。もしなければノートでもいいのですが、できるだけ大きいサイズのノートが望ましいです。書き方の参考として、Aさんという架空の人物のマネーマップを作っていきます。

■①「お金を意識し始めた年齢」と「自分」を書く

自分がお金を意識し始めた年齢はいつなのか？　思い出して「年齢＋自分」と書く。

【書き方のポイント】

当時の自分の存在感に応じて大きさを変える。たとえば、自信満々で目立つような子どもだったら、中央に大きく名前を書く。

お金に対する価値観が大きく変わった瞬間があるなら、年齢は何歳でも構わない。たとえば、23歳のときに投資に失敗して価値観が大きく変わったなら23歳。

【Aさんの場合】

Aさんが10歳のころは友達も少なく控えめな性格だったので、自身の存在感は薄かったと認識。下のほうに小さく自分を書いた。

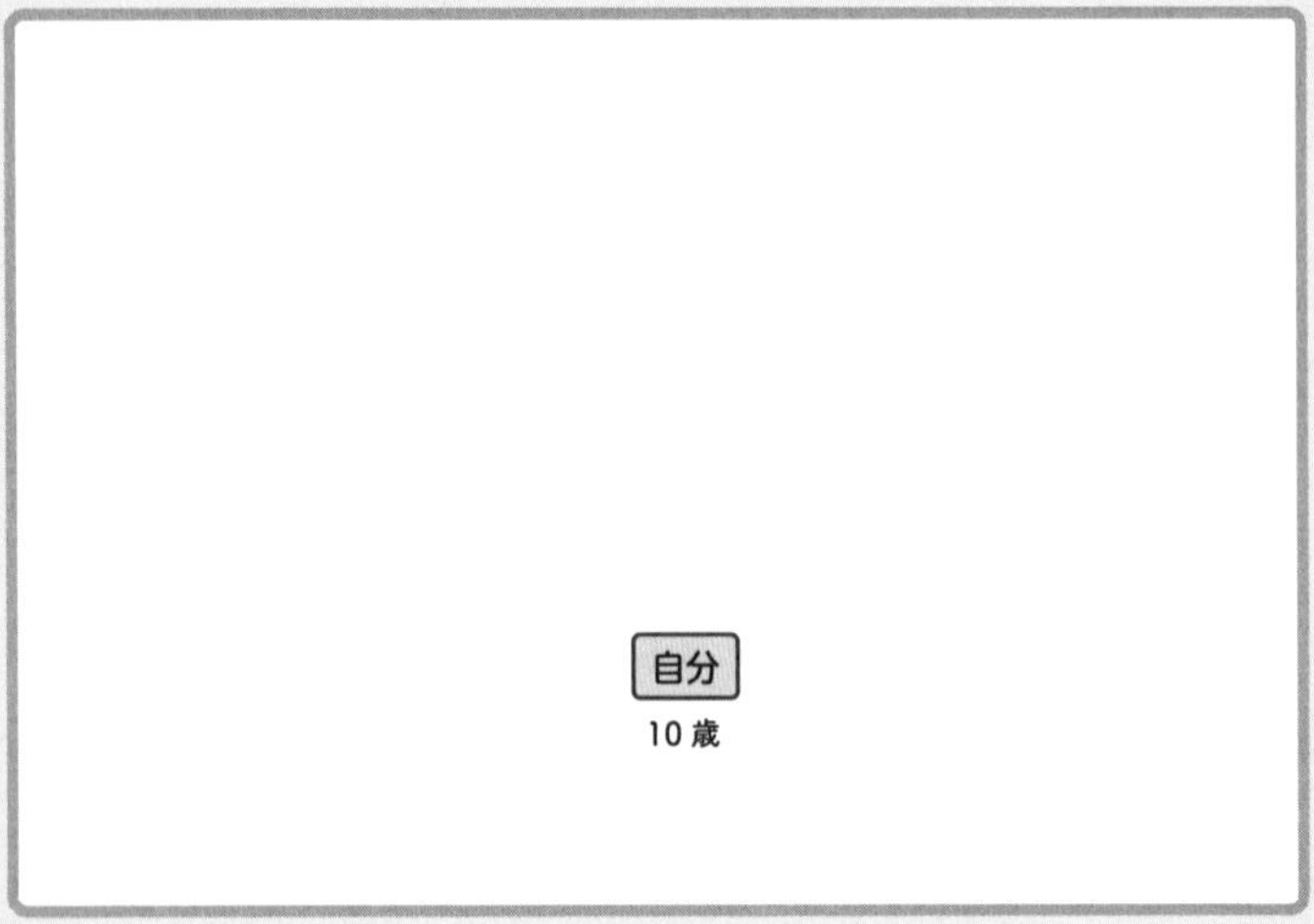

■②お金について影響を受けた男性を書く

お金について影響を受けた男性を書いて三角で囲む。

【書き方のポイント】

影響力が大きかった人は大きく書く。会う頻度や心の距離感で、書く位置を決める。

【Aさんの場合】

家計を支えていたのは父だったので、父を大きく書いた。父方の祖父からもよくお金をもらっていたので、祖父も大きく書いた。ただ、毎日顔を合わせていたわけではないので、父よりは遠くに。母方の祖父は会うのは正月くらい。厳しい人で、父方の祖父ほどお金はくれなかったので、遠くに小さく書いた。

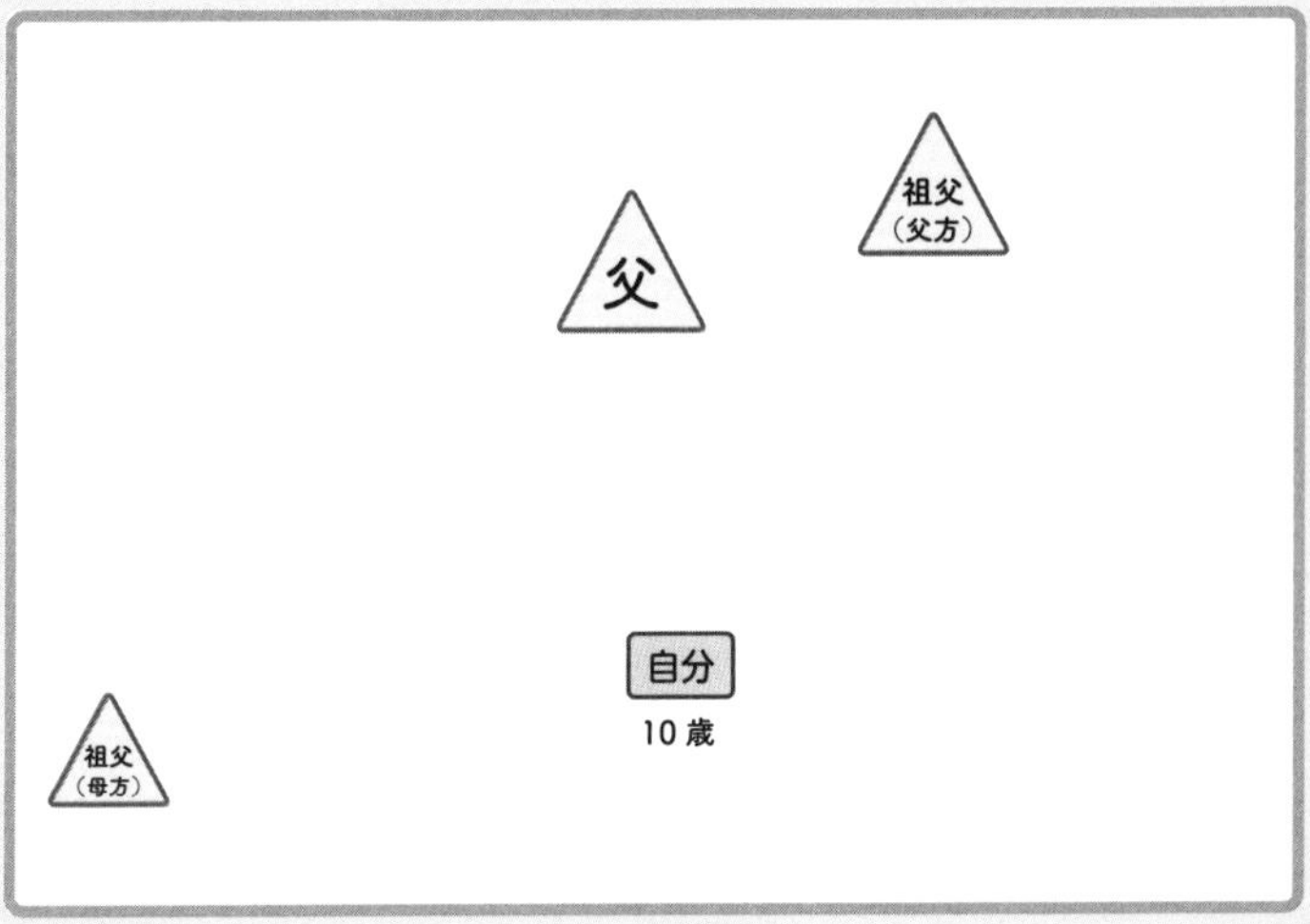

■③お金について影響を受けた女性を書く

お金について影響を受けた女性を書いて丸で囲む。

【書き方のポイント】

②の男性の場合と同じ。収入ではなく、お金の影響を受けたかどうかで大きさは変える。

【Aさんの場合】

母親は専業主婦だったものの、「テストで90点以上を取ったらお小遣いを増やす」という交渉や、マンガを買ってもらえるかどうかの判断も、すべて母親だったので、父より大きく書いた。叔母（父の姉）はお金に困っていて、父がお金を渡しているのを何度も目撃。遠くのほうに小さく「叔母」と書いた。

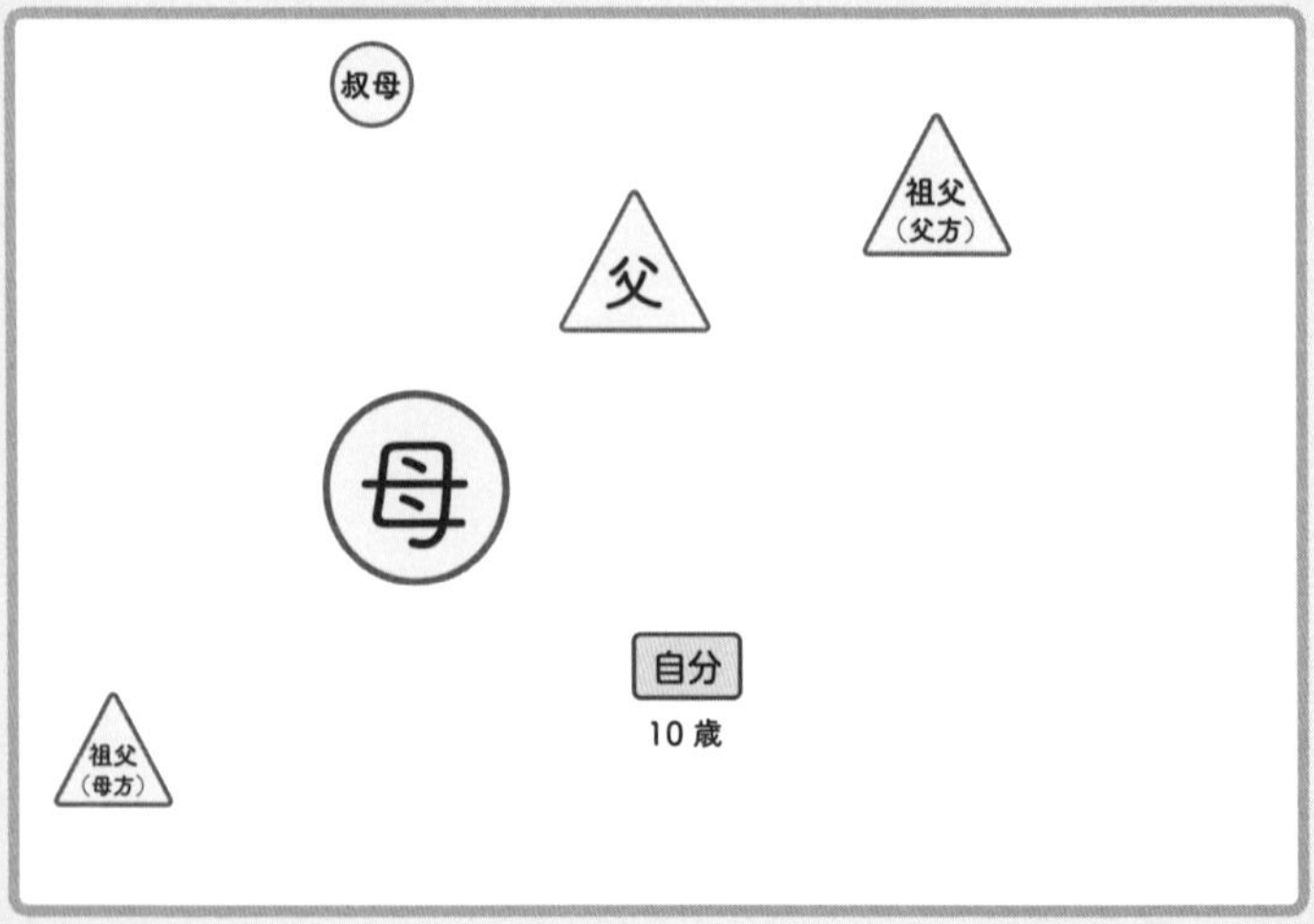

■④お金について影響を受けた物事や出来事を書く

お金について影響を受けた物事や出来事を書いて四角で囲む。ケガや病気、両親の離婚、ペット、家族間で起こった出来事など。

【書き方のポイント】

影響が大きかったことを自分の近くに書く。

【Aさんの場合】

家が狭かったのでベランダでウサギを飼っていた。「月謝が高いから」、ピアノが習えなかった。「お金がないから」、サッカーシューズやゲームを買ってもらえなかった。お金持ちの嫌な友人に自慢された。父は、自分よりも弟にお金をかけていると感じていた。

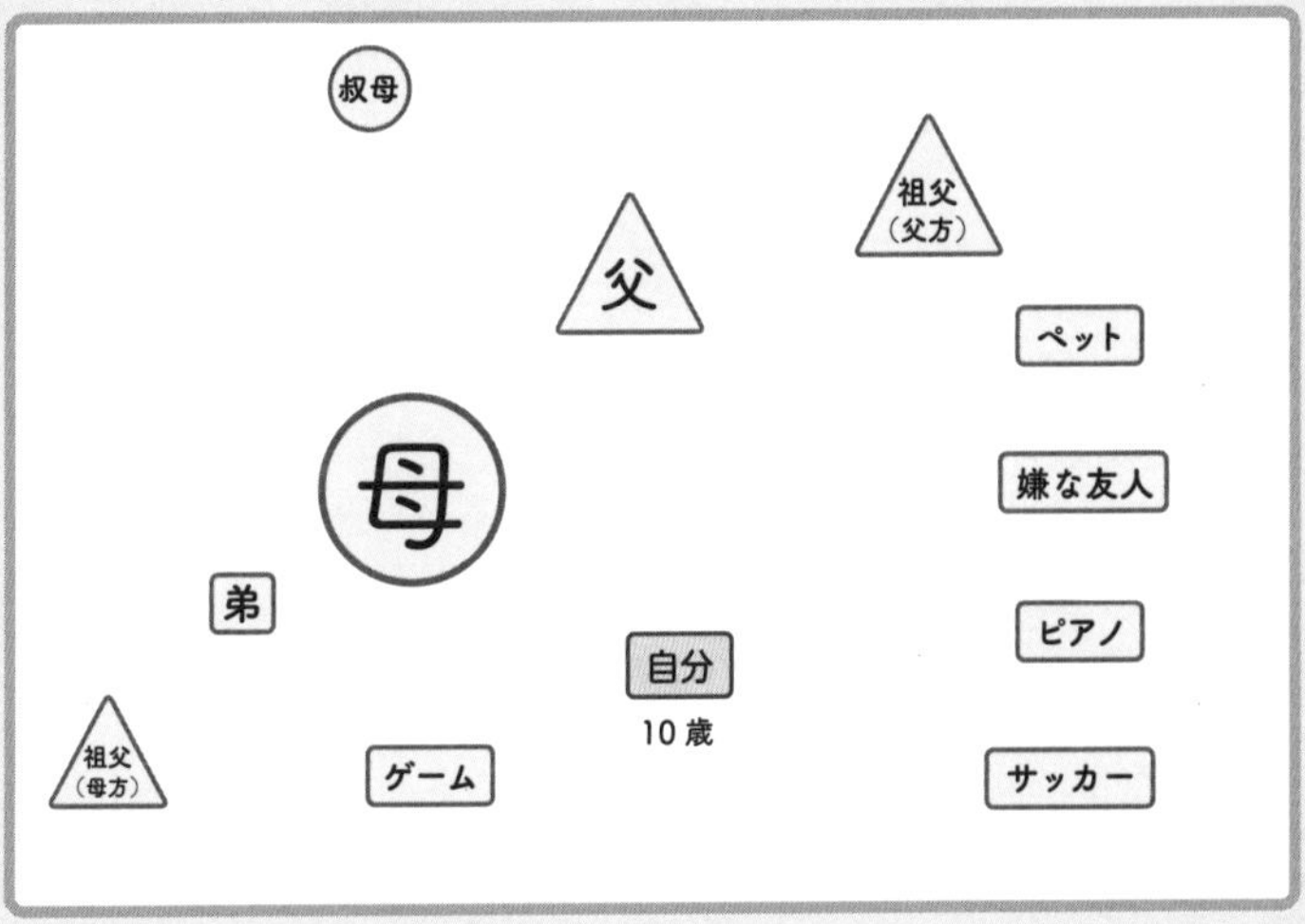

■⑤お金の流れを書く

お金の流れを矢印で書く。

【書き方のポイント】

お金を支払った人と受け取った人を矢印でつなぐ。額、頻度に応じて太さを変える。

【Aさんの場合】

■お金は基本的に母親からもらっていた（自分に太い矢印）

■母親ほどではないが父親からもお金はもらっていた（自分に細い矢印）

■父親は自分より弟にお金をあげていると感じていた（父から弟に細い矢印）

■父が母に生活費を渡していた（父から母に太い矢印）

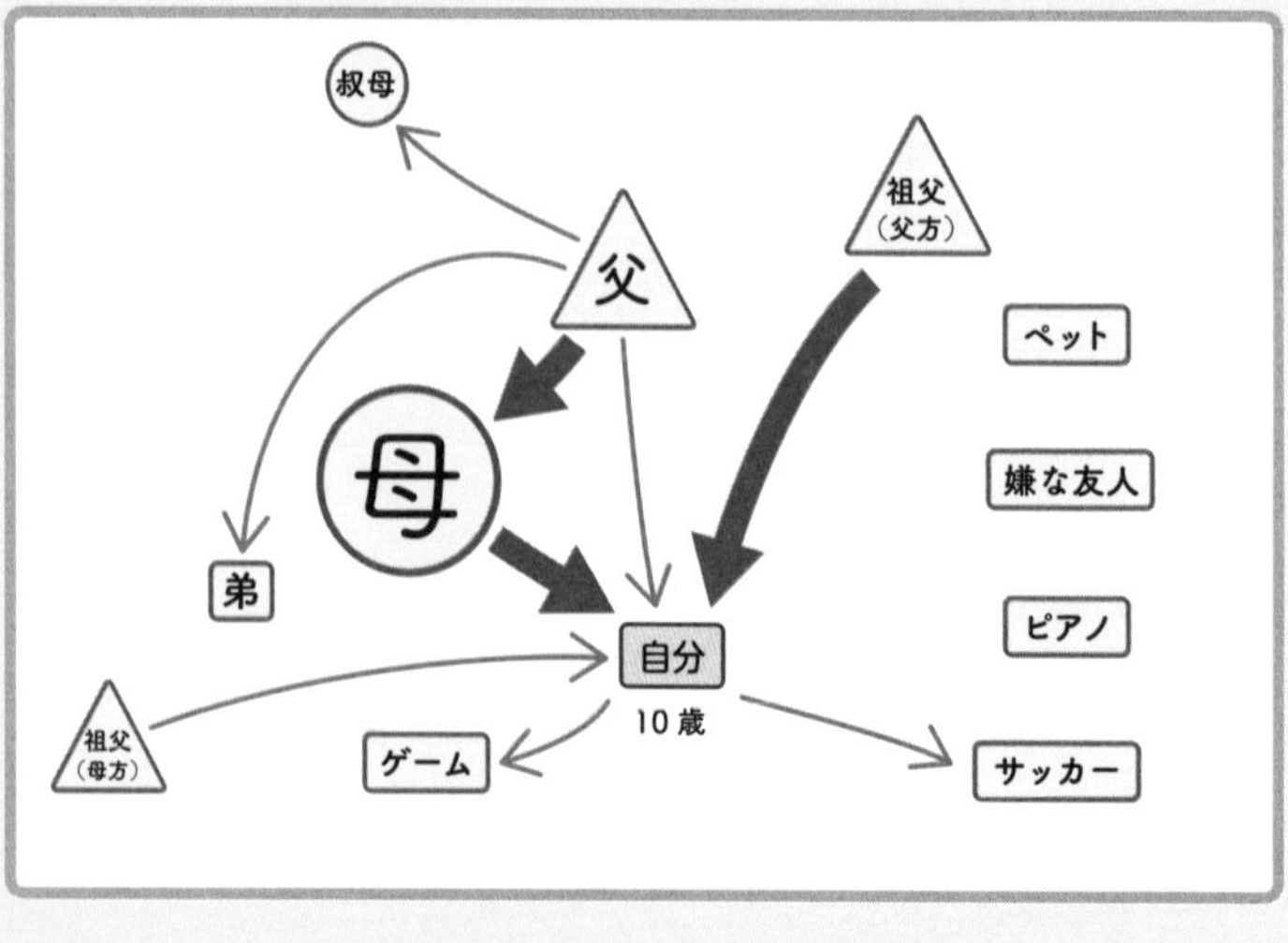

■父方の祖父からたくさんお金をもらった（自分に太い矢印）
■父親が叔母にお金をあげていた（父から叔母に細い矢印）
■自分でゲームやサッカーシューズを買っていた（自分からそれぞれに細い矢印）
■母方の祖父は少額だがたまにお金をくれた（自分に細い矢印）

■⑥ドル記号で影響度を書いていく

お金に関する影響度を、ドル記号（$）を使って書く。

【書き方のポイント】

※次のように、ドル記号を書き分ける。（P218参照）

■「そこそこ影響を受けた」はドル記号ひとつ
■「かなり影響を受けた」はドル記号2つ
■「すごく影響を受けた」はドル記号3つ
■ポジティブな影響は普通のドル記号
■ネガティブな影響はマイナスドル記号
■お金についての話をしなかった、またはしにくかった場合は、ドルストップ記号

※ドル記号の書き分けは感覚で構わないが、次の2点に注意する

注意点①：金額だけではなく印象も加味して書く。

Aさんの場合：ゲームにたくさんのお金を使ったが、ドル記号はマイナス1と記入。金額だけを見ればマイナス3でもおかしくないものの、ゲームをして楽しかったという印象があるため、それを加味してマイナス1に。

一方、父が叔母にお金をあげていたことについては、マイナス3に。金額はそこまで大きくなかったものの、子どものころのAさんにとって、大人が大人からお金をもらうことは非常にネガティブな印象だったから。

嫌な友人の自慢話も、直接お金を失ったわけではないが、マイナス2と書いた。自分が買ってもらえないゲームやおもちゃを見せびらかす友人は、Aさん以外からも嫌われており、ネガティブな印象がある。

注意点②：自分と直接お金のやり取りがなくてもドル記号を書く

Aさんの場合：「弟ばかりお金をもらっていた気がする」という理由で、Aさんは弟をマイナス2に。Aさんと弟との間でお金のやり取りはなかったが、父親が弟にお金を使っていた分、自分はお金をもらえなかったという印象がある。

※ドル記号で影響度を書くときは、当時の印象で構わない。Aさんのように、大人になってから「弟ばかりにお金をかけていたわけではなく、本当は平等だった」と理解したとしても、当時は不平等と思っていたらそのように書く。

【Aさんの場合】

ドル記号がプラス

■父方の祖父が一番お金を持っていた印象がある。多くのお金をもらった：プラス3
■母はお金をたくさん持っていたわけではないが、直接お金をくれた：プラス2
■父はお金を稼いでいたが、直接お金をくれる機会は少なかった：プラス1

ドル記号がマイナス

■父からお金をもらっていた叔母に対して悪い印象がある：マイナス3
■ピアノを習いたかったがお金がなくて習えなかった：マイナス2
■弟ばかりお金をもらっていた気がする：マイナス2
■嫌な友人の自慢話は不快だった：マイナス2
■ペットを室内で飼いたかったが家が狭かったのでベランダで飼っていた：マイナス2

■自分のお金はゲームやサッカー道具に使っていた：**マイナス1**

■母方の祖父はお金の話をほぼしなかった：**マイナス2（ストップ）**

ここまで書けばマネーマップは完成です。

Aさんのマネーマップは、下記の通りです。

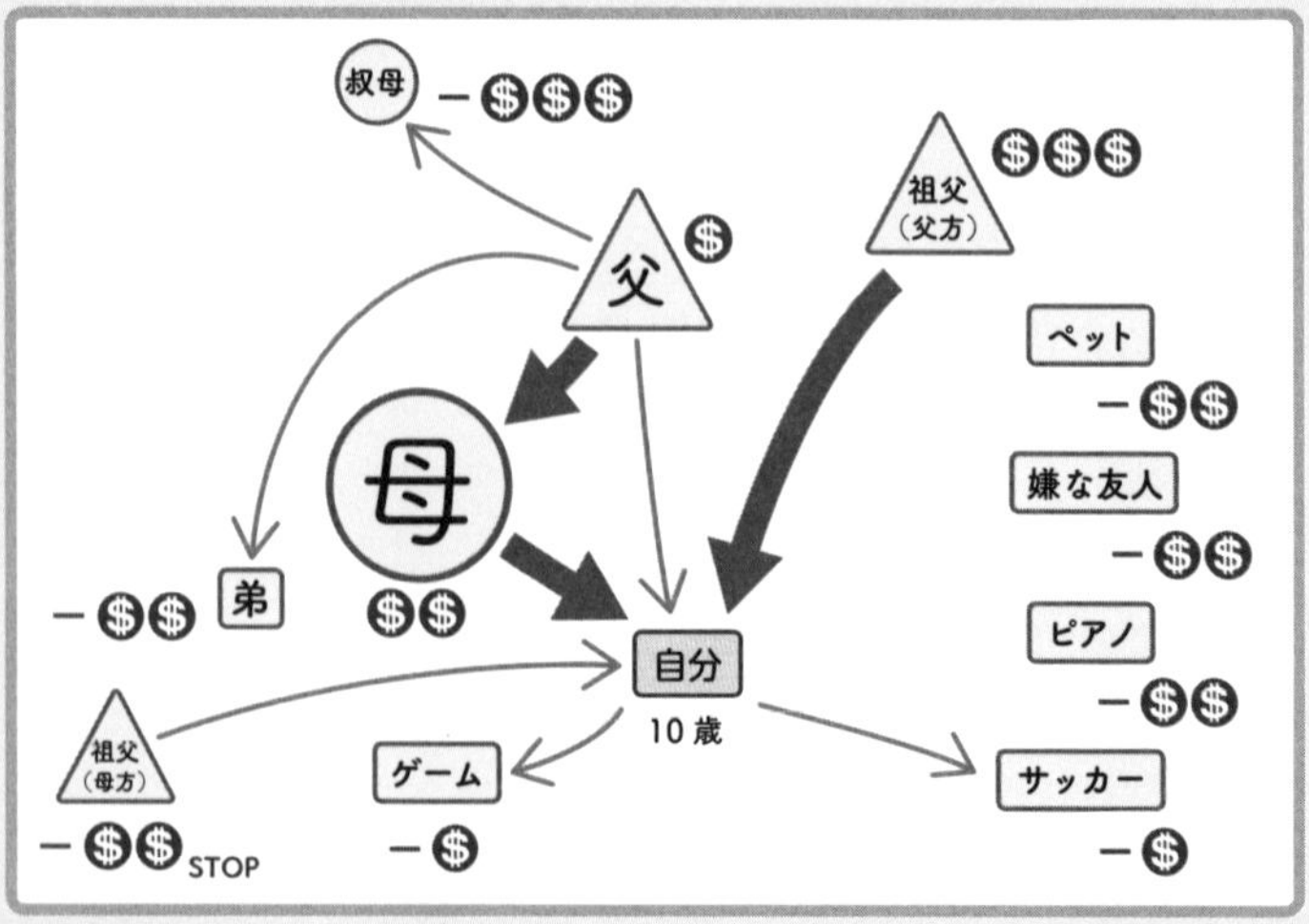

■⑦マネーマップを分析する

完成したマネーマップを見ながら、自分のマネースクリプトが形成された根本的な原因を探る。歪んだマネースクリプトはさらに可視化されて、改善策が明確になる。

【分析方法】

マネースクリプト診断テストの結果（P33）と、マネーマップを見比べ、なぜこのマネースクリプトが形成されたのか、根本的な原因を探る。

【活用方法】

■根本的な原因から、本書で読むべき箇所を導き出す

■「貧乏マネースクリプト一覧表」（P96）の当てはまる項目に、「特に読むべき箇所」として印をつけておくと便利

■根本的な原因が分かった上で読み返すと、より一層マネースクリプトを正しやすくなる（マネーストーリー作成後と同じ）

【Aさんのマネーマップを分析する】

Aさんは第1章の診断テストの結果、次のようなマネースクリプトを持っていた。

■金銭忌避の傾向が強い
■金銭崇拝の傾向が強い
■金銭地位の傾向が強い

■ひとつ目の事例

■マネーマップの「嫌な友人」に注目する

■「嫌な友人」と「自分」はお金で結ばれていないにもかかわらず、ドルマークはマイナス2とネガティブなイメージがある。その理由を探ってみた結果、嫌な友人は自分を含めて周りの人から嫌われていたからだ。ここから、Aさんが持っている「金銭忌避の傾向が強い」という原因のひとつに、この友人の存在があった

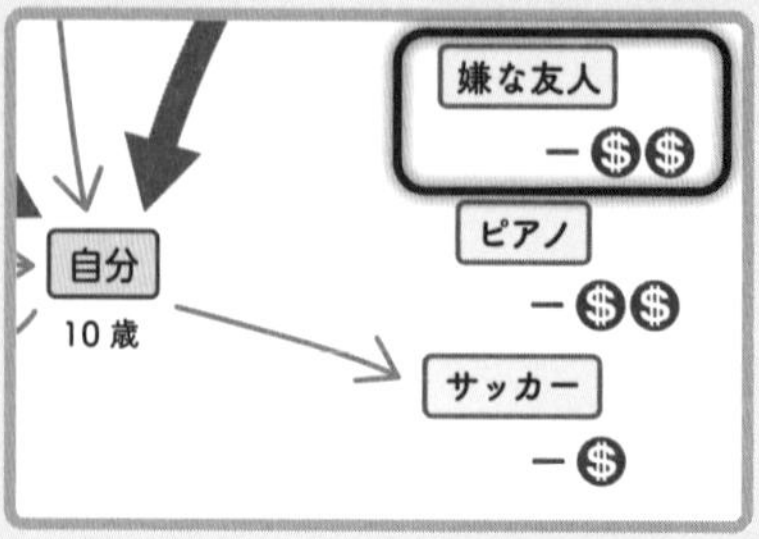

⬇Aさんには金銭忌避の傾向が強い人が持つ**「お金持ちは人格に問題がある」「お金持ちは孤独になる」「お金持ちは欲望にまみれている」**などの貧乏マネースクリプトが深く根づいていることが分かる。子どものころの「お金をひけらかしたことで、周囲から孤立したお金持ちの友人」の存在が、Aさんの金銭忌避の傾向を強くしたと言える。「貧乏マネースクリプト一覧表」（P96）にチェックをし、**該当のページ**を繰り返し読む必要がある。

■2つ目の事例

- ■Aさんの母方の祖父に注目する
- ■さほど近い存在でないにもかかわらず、ドルストップマークがついている。これも「なぜ？」と深掘りした結果、次のことが分かった
- ■母方の祖父はお金に厳しい人だった
- ■父方の祖父のように「何か買ってほしい」と言っても絶対に買ってくれなかった

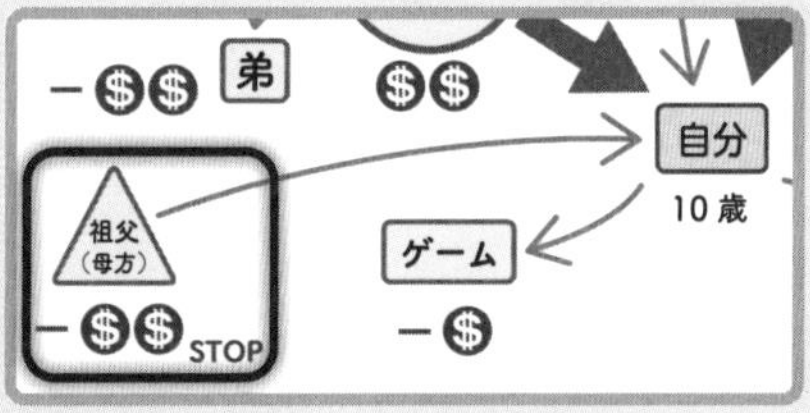

■ お年玉も少なかったし、お金の話を嫌がった

⬇「汗水たらして働くべきだ」「少ないお金で生活することが正義だ」などの貧乏マネースクリプトを書き換える必要がある。**該当のページを繰り返し読む。**

■3つ目の事例

■ マイナスドルマークは「お金がなかったからできなかった」という共通点がある

■ ピアノを習わせてもらえなかった

■ サッカー道具をあまり買ってもらえなかった

■ 家が狭かったことが原因で、ペットを室内で買えなかった

■「ペット」「ピアノ」「サッカー」でのマイナス経験が、「金銭崇拝の傾向が強い」というマネースクリプ

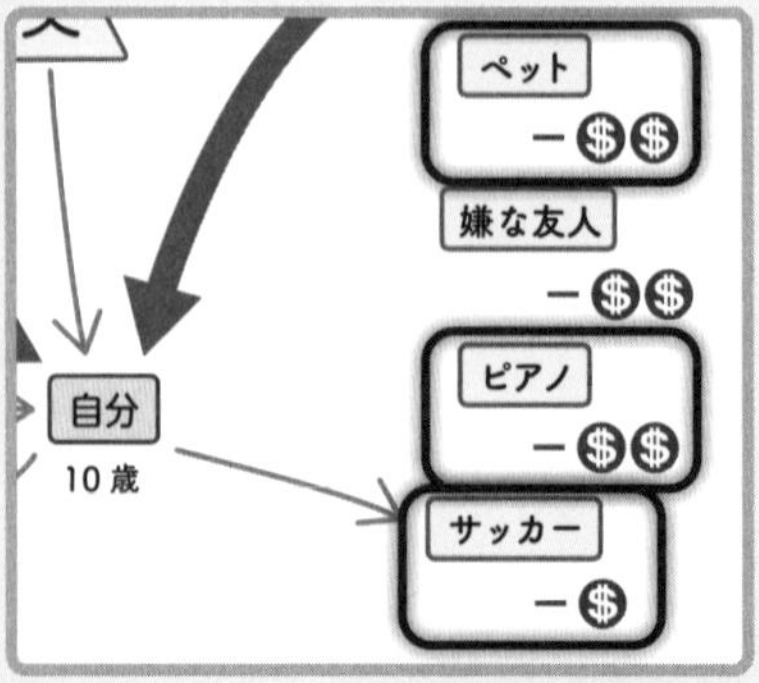

トを持つに至った、根本的な原因と考えられる。なぜなら、「お金がなかったからできなかった」を言い換えると、「お金があれば自分の好きなことをもっとできた（金銭崇拝）」となるから

⬇「もっと稼げば幸せになれる」「収入を上げて、認められたい」などのマネースクリプトを持っている可能性が高い。該当ページを読み返しておく。

■4つ目の事例

■父方の祖父をドルマーク3つにしており、母は2つにしている理由を探る

■Aさんに直接お金をくれていたのは母親だが、父方の祖父のほうが、なぜドルマークが多いのか。その理由は、子どものころにお金をたくさんくれた祖父を「かっこいい」と思っていたから

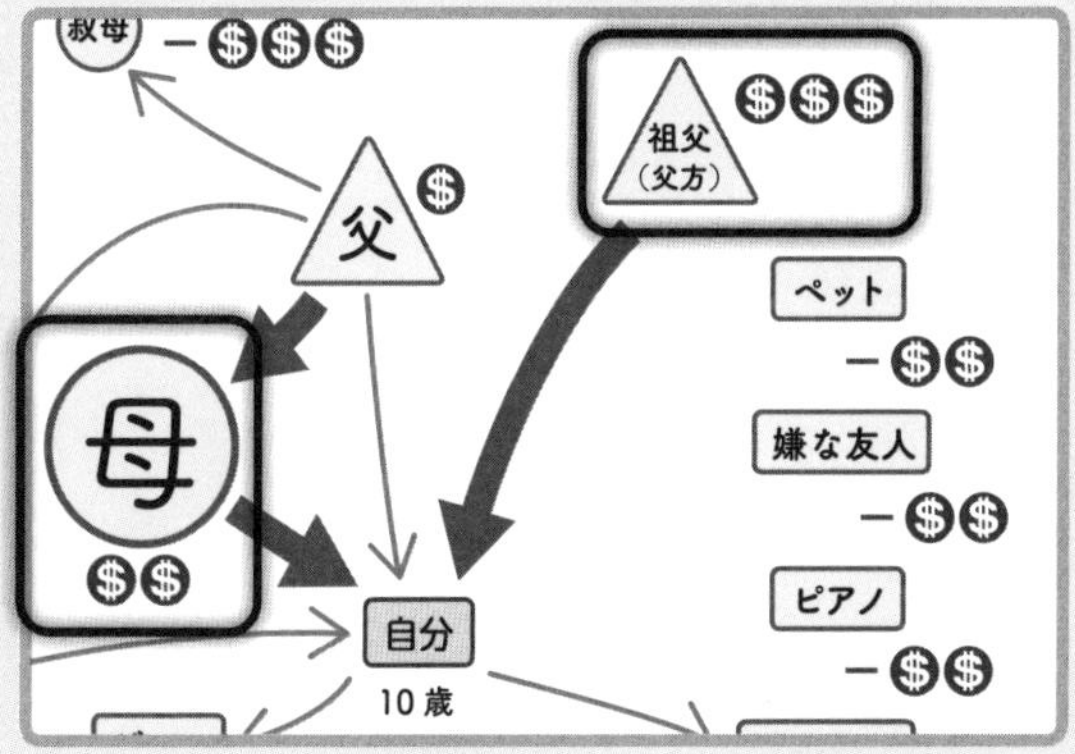

■父方の祖父は弟や他の親戚にもお年玉をたくさんあげており、欲しいものがあれば何でも買ってくれる人だった。一方、母方の祖父はお金に厳しい人だった。その対比もあって、幼少期のAさんは父方の祖父を「かっこいい」と思っていた。それが「金銭地位の傾向が強い」というマネースクリプトにつながったと予測できる

⬇「金銭やプレゼントで人間関係は形成できる」「人の価値は収入で決まる」など該当するページを読み返す。

マネーマップを作るのには少し時間がかかるものの、歪んだマネースクリプトを浮き彫りにする方法としては非常に便利です。第1章の診断テストで自分の傾向を知り、さらにマネーマップによって根本的な原因を理解することで、より自分の傾向が分かります。

今回はAさんを例に、簡易的にマネーマップを作りました。書けそうなら、もっと多くのことを書き込んでください。材料が多いほど、あなたのマネースクリプトが形成された根本的な原因を探りやすくなるからです。

さまざまなフェーズでマネーマップを作ると、自分のマネースクリプトがどう変わったかが分かります。できれば5～10年刻みで作成してみてください。今回は10歳時点のマネーマップを作成しましたが、その他に15歳、20歳、25歳……と、自分の中でお金に関する考え方が変わったタイミングで作成するのが理想です。

ワーク3 ロス認識トレーニング

ロス認識トレーニングを紹介します。ロス認識トレーニングは、過去に体験した「お金に対するネガティブなこと」を乗り越えるためのトレーニングです。具体的には、次の2ステップで行います。

①大人になってから体験したつらいことを書く
②過去に形成されたマネースクリプトとのつながりを考察する

あなたが持っている歪んだマネースクリプトの中には、正すことが難しい頑固なものがあります。その頑固な考えは、強く印象に残っている過去の体験が原因になっているケースが多いのです。ロス認識トレーニングでそれを明確にして、マネースクリプトを改善していきましょう。早速、ワークシート（P230）に書き込んでください。

■①大人になってから体験したつらいことを書く

大人になってから体験したつらいことを、できるだけ多く書く。

【書き方のポイント】

もしあなたが学生なら、直近の2〜3年で起きたことで構わない。次のように「お金の体験以外」でも良い。

- ■転職活動が上手くいかず、希望している会社に入れなかった
- ■結婚したものの、すぐに離婚してトラブルになった
- ■詐欺に引っかかったことがあるので投資が怖い
- ■パートナーに内緒で高価なものを買ったが、それがバレて離婚寸前の大ゲンカをした
- ■ずっと片想いしていた人と自分の親友が付き合っていて大きなショックを受けた

最低でも10個以上は書く。多ければ多いほどいい。つらい体験が思い出しにくければ、「大変だった」「悔しかった」「悲しかった」など、ネガティブな体験でも構わない。

■②過去に形成されたマネースクリプトとのつながりを考察する

①で書き出した体験と、過去に形成されたマネースクリプトとのつながりを考察する。

【Aさんの場合】

■ひとつ目の事例

「パートナーに内緒で、ボーナスをすべてブランド物につぎ込んでしまった。その後も、高価な物を無断で何度も買っていたら、そのことがパートナーにバレて離婚寸前の大ゲンカに発展した」という体験と、過去に形成されたマネースクリプトとのつながりを考察する。パートナーに内緒で高価なものを買ってしまった理由は何だったのか。

■小学生のときに「父が高級な時計や車を持っており、それを見た親戚の人たちが羨ましがっていた。その姿を見て、父をかっこいいと思った」という体験をした。自分も同じように周りから羨ましがられたいと思い、ブランド物を購入してしまったと推測

⬇「貧乏マネースクリプト一覧表」（P96）に戻って、該当する貧乏マネースクリプトを探ってみる。すると「お金の管理方法は学ばなくても、なんとかなる」「人の価値は収入

で決まる」などが当てはまることが分かる。パートナーとトラブルになることを予測しながらも高価なものを買ってしまうということは、このマネースクリプトが心に深く根づいていると考えられる。**該当するページ**を何度も読み返す必要がある。

■2つ目の事例

「儲かりそうな投資話があったのだが、どうしても怖くて一歩を踏み出せなかった。しかし、その投資をした友人が稼いでいるのを見て悔しい思いをした」という体験がある。

■小さいころに「叔父が投資詐欺で大きな損害を被った。父親が叔父に援助していたため、裕福だった家が貧しくなってしまった」という体験をした。この体験があったから、投資にしり込みしてしまったと予測できる

⬇「貧乏マネースクリプト一覧表」（P96）に戻って、該当する貧乏マネースクリプトを探ってみる。**「賢くないので投資はやらない」「投資はプロがやるもの」**などが該当する。**該当するページ**を今一度、読み返す必要がある。

①大人になってから体験したつらいこと

②考察

①大人になってから体験したつらいこと

②考察

①大人になってから体験したつらいこと

②考察

①大人になってから体験したつらいこと

②考察

①大人になってから体験したつらいこと

②考察

①大人になってから体験したつらいこと

②考察

※ワークシートのスペースが足りない場合は、コピーをするなどして使ってください。

ワーク4 マネーグリーバンス

マネーグリーバンスを解説します。グリーバンスとは不平のもと、苦情の原因という意味。これは、お金や人に対して不信感や不安感がある人に向けたワークです。

特に、人に対して不信感があると「挑戦できない」「非合理な選択を取りやすい」というデメリットにつながるため、マネーグリーバンスを行って早急に改善していきましょう。具体的な流れは次の通りです。ワークシート（P237）に書き込んでください。

①お金や人に裏切られた体験と感情を書き出す
②失敗から教訓を導き出し、共通点を見つける
③現在も同じような人と同じ状況にいないかを考える
④歪んだマネースクリプトを探し当てる

■①お金や人に裏切られた体験と感情を書き出す

お金や人に裏切られた体験と、そのときの感情をできるだけ多く書く。

【書き方のポイント】

体験：自分の無知さや寛大さ、優しさを他人に利用された経験。あるいは、周りの人は当たり前に受けているメリットを、自分だけは受けられなかった経験などを書き出す。

感情：その体験をしたときの感情を書き出す。「悔しさ」「反省点」などを書き出す。

【Aさんの場合】

①**体験**：投資詐欺にあったことがある

①**感情**：「投資への無知さを利用されたこと」に対し、後悔の感情を抱いた

②**体験**：自分が無知な分野において、取引相手に法外な金額を請求された

②**感情**：「よく調べなかったことにより、余計なお金を支払ってしまった」という反省の気持ちがある

■②失敗から教訓を導き出し、共通点を見つける

過去の失敗から得た教訓に共通点がないかを見つける。

【Aさんの場合】

■教訓

①投資詐欺：理解できない分野に手を出すのは危険。人に頼るときもよく調べないと騙される

②法外な請求：自分が知らない分野に取り組むときは、調べたり相談したりするべき。分からない状態なのに一人で進めてはいけない

■教訓の共通点

①投資詐欺については、無知な状態でお金を他人に預けてしまい失敗。②取引先に法外なお金を支払ったことについても、自分が知らない分野を他人に任せたことが原因。「自分の知らないことを人に任せると失敗する」というのが共通点。

■③現在も同じような人と同じ状況にいないかを考える

教訓の共通点と現在の状況を比較する。同じ失敗を繰り返さないようになる。

【比較方法】

教訓の共通点を見ながら、「過去に裏切られたときと現在は同じではないか？」を自分に問う。

【Aさんの場合】

■教訓の共通点：自分の知らないことを人に任せると失敗する

■現在：現在、あるプロジェクトのリーダーに就任している。そのプロジェクトは動画編集やデザインなど、自分があまり知らない領域の仕事がある。その仕事についてよく理解しないまま部下に任せ、取引先へ発注していた。これは過去に失敗したときと同じ状況である自分の根底にある歪んだマネースクリプトを探し当てる。

■④歪んだマネースクリプトを探し当てる

【探し当てる方法】

■「過去に失敗したにもかかわらず、なぜ同じ状況に陥っているのか？」を考える

■「貧乏マネースクリプト一覧表」（P96）と照らし合わせる

【Aさんの場合】

投資詐欺にあった経験と法外な請求をされた経験から、自分への自信のなさ、人に対する不信感が根底にあると推測できる。無意識のうちに人を遠ざけている可能性があるということ。現在リーダーを任されているプロジェクトでも、実際は誰にも相談できず、過去に失敗したときと同じ状況に陥っている。

⬇「貧乏マネースクリプト一覧表」（P96）の**「投資はプロがやるもの」**「**お金持ちは人格に問題がある**」などが該当する。これらは自分や、人への不信感に関する貧乏マネースクリプトだから。今後の人生には「自分の知らないことを人に任せると失敗する」という教訓に、「分からないことは勉強し、遠慮せずに人に相談する」も加えていく。

お金や人に裏切られた体験と感情

体験	感情	体験	感情	体験	感情	体験	感情	体験	感情	体験	感情	体験	感情	体験	感情

教訓

教訓の共通点

※ワークシートのスペースが足りない場合は、コピーをするなどして使ってください。

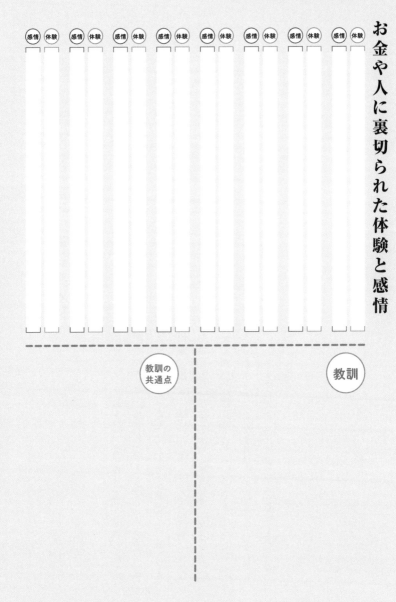

ワーク5 マネーエンパワーメント

マネーエンパワーメントを紹介します。エンパワーメントとは、力づける、勇気を与えるなどの意味。ポジティブなマネースクリプトが形成された要因を考えるワークです。マネーエンパワーメントを行うメリットは、失敗しても落ち込みにくくなること。そもそも、何かに失敗したときに最も怖いのは、失敗自体ではなく精神が落ち込んで行動できなくなることです。たとえば、転職に失敗して収入が落ちたとしても、転職先で努力をすれば収入は上がるかもしれません。また、時期を見て再び転職してもいいのです。マネーエンパワーメントのワークに取り組んでおくと、このように「失敗を引きずる」ということが激減します。具体的なやり方は次の通りです。ワークシート（P242）に書き込んで早速、始めてみましょう。

①お金について成功した体験を思い出す
②その体験から学んだことを書く

③学んだことを参考に「指標」を作る

■①お金について成功した体験を思い出す

お金について成功した体験を思い出して書く。

【書き方のポイント】

最低でも10個は挙げる。幼少期でも大人になってからの体験でも、いつのものでも良い。

【Aさんの場合】

- ■お金を使って他人を喜ばせた（食事を奢ったら相手が喜んでくれた）
- ■努力したことで金銭的に報われた（仕事を頑張ったらボーナスが増えた）
- ■お金を使うことによって困難なことを達成した（ジムに通い肉体改造できた）
- ■お金の使い方で褒められた（買い物や投資など）
- ■上手な買い物ができた（セールで高価なものを安く買えた）
- ■貯金をして好きなものを手に入れられた

■②その体験から学んだことを書く

①で挙げた体験から学んだことを書く。

【Aさんの場合】

①「お金を使って他人を喜ばせた（食事を奢ったら相手が喜んでくれた）」

食事に行くときは、店を選んだほうが奢るというルールにしている友人がいる。彼とは、お互い気持ちよくお金を支払っている。一方、別の知人とも同じように食事に行ったところ、彼は適当にお店を選ぶので楽しくない。この体験から「この人ならお金を使ってもいいと思える相手以外とは付き合わない。お金をケチりたいと思う相手とは最初から行動しない」ことを学んだ。

②「努力したことで金銭的に報われた（仕事を頑張ったらボーナスが増えた）」

仕事で結果が出たので、会社から評価されてボーナスが増えた。ただし自分の頑張りだけではなく、成功の裏にはチームメンバーの努力があった。裏を返すと、チームメンバーの結束が悪かったり、モチベーションにばらつきがあったりしたら、結果は出なかった。この体験から学んだことは「付き合う人によって結果は大きく変わる」ということ。

■③学んだことを参考に「指標」を作る

体験から学んだことを分析。共通点を探り、指標を作る。

【Aさんの場合】

①「知人と食事を楽しんだ体験」も、②「仕事で成功した体験」も、どちらも「付き合う人によって結果が変わる」点が共通している。

⬇導き出した指標：何事も人。付き合う人を選ぶことが自分の幸せにつながる。

【指標の活用方法】

失敗した後に次の行動の指標にする。失敗した後に行動できなくなってしまうのは、指標が明確でないことも原因のひとつ。マネーエンパワーメントで指標を作ることにより、失敗からの立ち直りが早くなる。

例：**転職で失敗して収入が下がったとしても、そこから復活するには「人」が重要。転職先でも人を大事にしたり、あるいは次に転職するときは収入だけでなく「人」を基準にして就職先を選ぶことにする**

マネーエンパワーメントワークシート

学び 体験 学び 体験 学び 体験 学び 体験 学び 体験 学び 体験 学び 体験

分析

学び　体験　学び　体験　学び　体験

指標

※ワークシートのスペースが足りない場合は、コピーをするなどして使ってください。

ワーク6 マネーマントラ

最後に、マネーマントラを解説します。自分の考えを深掘りして、新たなマネースクリプトを作り出すワークです。具体的には次の5ステップで行います。ワークシート（P250）に書き込んでいきましょう。

①お金に関してネガティブな思いを抱いた状況と、そのときの感情を書く
②感情の根底にあるマネースクリプトを書き出す
③該当のマネースクリプトが自分の人生に与えたメリットを考える
④「しかし今は……」と付け加える
⑤現状に基づいてマネースクリプトを作り、マントラにする

■①お金に関してネガティブな思いを抱いた状況と、そのときの感情を書く

お金に関してネガティブな思いを抱いた状況と、そのときの感情を具体的に書き出していく。

【書き方のポイント】

投資で失敗したなど、直接的にお金の失敗をしたときや、友人が副業で儲けている姿を見て羨ましかったなど、自分はお金で損をしていないのに複雑な感情を抱いたときを思い出す。

【Aさんの場合】

お風呂から上がって、家のソファでゆっくり映画を見ている24時。妻と子どもは、もう眠っている。

そのときに「こんなことをしていていいのだろうか？　この時間で仕事をすればもっと稼げる。ダラダラ過ごしている自分は、もったいないことをしているのでは？」という感情を抱いた。

■②感情の根底にあるマネースクリプトを書き出す

感情の根底にあるマネースクリプトを書き出して、分析を添える。

【書き方のポイント】

①で書き出した感情と、「貧乏マネースクリプト一覧表」（P96）を照らし合わせる。原因になっていそうな貧乏マネースクリプトを予測する。お金についてネガティブな感情が湧きあがるときは、その背景に貧乏マネースクリプトが隠れている。

【Aさんの場合】

「もっと稼げば幸せになれる」「収入を上げて、認められたい」など、ワーカーホリックマネースクリプトが根底にあると考えられる。この考えがあるから、家でゆっくりしているときも「もっと働くべきでは？」と思ってしまうのだろう。

■③該当のマネースクリプトが自分の人生に与えたメリットを考える

②で浮き彫りになったマネースクリプトが、自分の人生に何かメリットを与えているのではないかと考えてみる。

【書き方のポイント】

ネガティブな感情に紐づくマネースクリプトでも、「何かメリットがあるんじゃないか」と考えることが重要。事実を受け入れやすくなるため、次の④のステップで、マネースクリプトを書き換えやすくなる。

【Aさんの場合】

「もっと稼げば幸せになれる」「収入を上げて、認められたい」

⬇このマネースクリプトがあったからこそ、一生懸命仕事をして結果を出せた。収入の目標が明確だったから、どの業界に身を置くべきか、そこで何をすればいいかを具体的に考えられた。そのおかげで給料が上がり、金銭的な意味で家族に還元できている。

■④「しかし今は……」と付け加える

③で言語化したメリットに「しかし今は……」と付け加える。

【書き方のポイント】

③で貧乏マネースクリプトを一度受け入れてから、「しかし今は……」と客観的に現状を見直していく。メリットもデメリットも把握したフラットな状態で自分の心に根づいた貧乏マネースクリプトを書き換えていく。

【Aさんの場合】

「もっと稼げば幸せになれる」「収入を上げて、認められたい」と考えていたからこそ、一生懸命仕事をしてある程度の結果を残せた。そのおかげで給料が上がり、金銭的な意味で家族に還元できている。

「しかし今は……」

会社でもそれなりのポジションになれたし、収入も確保できている。現状を客観的に見ると働きすぎなのかもしれない。労働時間が長いため、家族と一緒に過ごす時間も減っている。

■⑤現状に基づいてマネースクリプトを作り、マントラにする

現状に基づいたマネースクリプトを作り、独自のマントラにする。マントラとは、インドで古代から使用されている「自分の心を落ち着かせる短い言葉」のこと。マネーマントラはお金に関する人生の指標になる。

【Aさんのマネーマントラ】

「仕事の時間を大幅に減らすのは難しい。ただし、今やっている仕事を信頼できる人に少し任せることは可能。今より1時間は早く帰って家族と過ごす」

⬇もともとは「お金を稼ぎたい」という思いが強かったが、今は達成されている。その現状を踏まえた上で、Aさんのマネースクリプトは「家族と一緒に過ごす時間を優先させる」というものに書き換わった。

今後の人生の指標として、スマホの待ち受け画面に表示したり、紙に出力して壁に貼ったりするなど、忘れないようにする。

お金に関してネガティブな思いを抱いた状況と、そのときの感情

感情の根底にあるマネースクリプト

マネースクリプトが人生に与えたメリット

「しかし今は……」

あなたのマネーマントラ

「　　」

マネーマントラは、自分自身の行動指針となり、自分が望む未来へと導いてくれる。

※ワークシートのスペースが足りない場合は、コピーをするなどして使ってください。

あとがき

「身近な人」や「周りの環境」から強く影響を受けて形成されるマネースクリプト。それは私たちの心に深く根づいているため、そう簡単には変えられません。しかし、お金を貯めるためには正しい考え方を持つことは必須。だからこそ、自分に深く根づいている考えを知り、正しいマネースクリプトに書き換えることに価値があるのです。

世の中には「お金を貯めたい。お金を稼ぎたい」と思っている人は多く、そのためのコンテンツが溢れています。しかし、残念ながら実際にお金を稼げるようになった人は極めて少ないでしょう。その理由は、マネースクリプトの歪みを正そうとしていないからです。それではいくら稼ぎ方を学んだところで意味がありません。穴の空いたバケツに水を注ぐように、情報は頭からすっぽりと抜け落ちてしまいます。

たとえば、あなたの心に「投資はプロがやるもの」という貧乏マネースクリプトが深く根づいているなら、方法論をいくら学んでも意味はありません。

たとえば、あなたが夫婦関係を良くするために、コミュニケーションの講座を受けたとしましょう。もし、あなたの心に「お金のことはパートナーに秘密にしたい」という貧乏マネースクリプトが深く根づいているなら、いくらコミュニケーション力を伸ばしても意味はないのです。その土台にある「お金に対する考え方」を変えない限り、成果は出ないでしょう。

ここまで読んでくださった皆さんは、もう気づいていると思います。お金のことを考えるということは、「あなたの人生を考える」こと。そして「あなたの大切な人を守る」ことなのです。

本書を一度読んだだけでも、あなたの考え方は書き換わっています。でも、ずっと手元に置いて、何度でも読み返してください。

本書を読んでくださった皆さんが、人生でたったひとつの大切なことに気づき、毎日を心から幸せだと感じられることを祈っています。

2023年8月　　　メンタリストDaiGo

・https://www.ideas42.org/
・『最短の時間で最大の成果を手に入れる 超効率勉強法』メンタリストDaiGo(著)／学研プラス
・『マインドセット「やればできる！」の研究』キャロル・S・ドゥエック(著), 今西 康子(翻訳)／草思社
・『人間関係をリセットして自由になる心理学』メンタリストDaiGo(著)／詩想社
・https://www.fsa.go.jp/receipt/soudansitu/
・『投資で一番大切な20の教え　賢い投資家になるための隠れた常識』ハワード・マークス(著), 貫井 佳子(翻訳)／日本経済新聞出版
・House, J., DeVoe, S. E., & Zhong, C.-B. (2014). Too impatient to smell the roses: Exposure to fast food impedes happiness. Social Psychological and Personality Science, 5 (5), 534–541.
・『「幸せをお金で買う」 5つの授業』エリザベス・ダン(著), マイケル・ノートン(著), 古川 奈々子(翻訳)／KADOKAWA
・竹部成崇(2016)経済的な豊かさと寄付の心理的効用の関連ー東日本大震災前後の比較ー：一橋大学大学院社会学研究科
・Michael W. Kraus (2017).Listeners Glean Emotions Better from Voice-Only Communications: YALE INSIGHTS
・https://www.apa.org/news/press/releases/stress/
・『超ストレス解消法 イライラが一瞬で消える100の科学的メソッド』鈴木 祐(著)／鉄人社
・『ロングゲーム 今、自分にとっていちばん意味のあることをするために』ドリー・クラーク(著), 伊藤 守(監修), 桜田 直美(翻訳)／ディスカヴァー・トゥエンティワン
・Canning, E. A., LaCosse, J., Kroeper, K. M., & Murphy, M. C. (2020). Feeling like an imposter: The effect of perceived classroom competition on the daily psychological experiences of first-generation college students. Social Psychological and Personality Science, 11 (5), 647–657.
・『文庫・スノーボール　ウォーレン・バフェット伝（改訂新版）』アリス・シュローダー(著),伏見 威蕃（翻訳)／日経BP
・Drazen Prelec and Duncan Simester (2001).Always Leave Home Without It: A Further Investigation of the Credit-Card Effect on Willingness to Pay:Kluwer Academic Publishers. Manufactured in The Netherlands
・Felipe Kast, Stephan Meier, Dina Pomeranz (2012). Under-Savers Anonymous: Evidence on Self-Help Groups and Peer Pressure as a Savings Commitment Device:SSRN
・Sonja Lyubomirsky, Laura King, Ed Diener (2005).The Benefits of Frequent Positive Affect:Does Happiness Lead to Success?: Psychological Bulletin, 131(6), 803-855
・Ashley Whillans (2020).Time Smart: How to Reclaim Your Time and Live a Happier Life: Harvard Business Review Press
・Oliver Burkeman (2013). The Antidote: Happiness for People Who Can't Stand Positive Thinking: Farrar, Straus and Giroux
・Shinya Kajitani, Colin McKenzie, Kei Sakata (2017). Use It Too Much and Lose It? The Effect of Working Hours on Cognitive Ability: Melbourne Institute Working Paper No. 7/16
・Prof Mika Kivimäki, PhD, Markus Jokela, PhD, Solja T Nyberg, MSc, Archana Singh-Manoux, PhD, Eleonor I Fransson, PhD, Prof Lars Alfredsson, PhD, ... Marianna Virtanen, Phd(2015).Long working hours and risk of coronary heart disease and stroke: a systematic review and meta-analysis of published and unpublished data for 603 838 individuals: The Lancet, 386(10005), 1739-1746
・https://global.oup.com/academic/product/leading-professionals-9780198744788
・http://www.hilife.or.jp/pdf/200504.pdf

参考文献

まえがき

・『マネーセンス 人生で一番大切なことを教えてくれる、「富」へ導くお金のカルテ11』ブラッド・クロンツ(著),テッド・クロンツ(著),吉田 利子(翻訳)／KADOKAWA
・『令和2年分 民間給与実態統計調査』(国税庁長官官房企画課)
・『「家計の金融行動に関する世論調査」[単身世帯調査](2020年)』(金融広報中央委員会)
・https://www.nta.go.jp/publication/statistics/kokuzeicho/minkan1997/menu/03.htm
・https://www.mof.go.jp/policy/budget/topics/futanritsu/20220217.html
・https://www.mof.go.jp/policy/budget/topics/futanritsu/sy202202a.pdf
・https://daigovideolab.jp/play/E7gUbPo3YCVPAeRUHgXe
・https://www.shiruporuto.jp/public/document/container/yoron/sosetai/2021/21bunruis001.html

第1章 TEST マネースクリプト診断テスト

・Brad Klontz,Psy.D., Sonya L.Britt,Ph.D., Jennifer Mentzer,B.S., Ted Klontz,Ph.D. (2011). Money Beliefs and Financial Behaviors:Development of the Klontz Money Script Inventory: Journal of Financial Therapy 2(1)

第2章 INPUT 富をもたらす8つのマネースクリプト

・『となりの億万長者〔新版〕― 成功を生む7つの法則』トマス・J・スタンリー(著),ウィリアム・D・ダンコ(著),斎藤 聖美(翻訳)／早川書房
・『幸せとお金の経済学』ロバート・H・フランク(著),金森 重樹(監訳)／フォレスト出版
・Klontz, B.T., Sullivan, P., Seay, M.C., & Canale, A. (2015). The wealthy: A financial psychological profile. Consulting Psychology Journal: Practice and Research, 67(2), 127–143.
・Bradley T. Klontz et al. (2008).Wired for Wealth: Change the Money Mindsets That Keep You Trapped and Unleash Your Wealth Potential: Health Communications Inc
・Klontz, B.T., Seay, M.C., Sullivan, P., & Canale, A. (2014). The Psychology of Wealth: Psychological Factors Associated with High Income: Journal of Financial Planning
・Robert H. Frank (2016). Success and Luck: Good Fortune and the Myth of Meritocracy: Princeton University Press
・『GIVE & TAKE「与える人」こそ成功する時代』アダム・グラント(著),楠木 建(監訳)／三笠書房
・『超決断力 ― 6万人を調査してわかった 迷わない決め方の科学』メンタリストDaiGo(著)／サンマーク出版

第3章 REWRITING 貧乏マネースクリプトを金持ちマネースクリプトに書き換える

・Matz, S. C., & Gladstone, J. J. (2020).Nice guys finish last: When and why agreeableness is associated with economic hardship. Journal of Personality and Social Psychology, 118 (3), 545–561.
・Jeffrey A. Hall (2018). How many hours does it take to make a friend?:Journal of Social and Personal Relationships
・『サイコパス 秘められた能力』ケヴィン・ダットン(著),小林 由香利(翻訳)／NHK出版
・『ルーキー・スマート』リズ・ワイズマン(著),池村 千秋(翻訳)／海と月社
・Rucker, D. D., & Galinsky, A. D.(2008). Desire to acquire: Powerlessness and compensatory consumption. Journal of Consumer Research, 35 (2), 257–267.
・Bellezza, Silvia, Francesca Gino, and Anat Keinan. "The Red Sneakers Effect: Inferring Status and Competence from Signals of Nonconformity." Journal of Consumer Research 41, no. 1 (June 2014): 35–54.

メンタリスト DaiGo（めんたりすと　だいご）
慶應義塾大学理工学部物理情報工学科卒。イギリス発祥のメンタリズムを日本のメディアに初めて紹介し、日本唯一のメンタリストとしてTV番組に出演。その後、活動をビジネスやアカデミックな方向へ転換、企業のビジネスアドバイザーやプロダクト開発、作家、大学教授として活動。趣味は1日10～20冊程度の読書、猫と遊ぶこと、筋トレ。ビジネスや話術から、恋愛や子育てまで幅広いジャンルで人間心理をテーマにした著書は累計450万部を超える。『Dラボ』（https://daigovideolab.jp/）にて動画配信を精力的に行っている。

収入《しゅうにゅう》の9割《わり》はマネースクリプトで決《き》まる

2023年 8 月24日　初版発行
2023年 8 月30日　再版発行

著者／メンタリスト DaiGo《ダイゴ》

発行者／山下 直久

発行／株式会社KADOKAWA
〒102-8177　東京都千代田区富士見2-13-3
電話　0570-002-301（ナビダイヤル）

印刷所／大日本印刷株式会社

製本所／大日本印刷株式会社

●お問い合わせ
https://www.kadokawa.co.jp/（「お問い合わせ」へお進みください）
※内容によっては、お答えできない場合があります。
※サポートは日本国内のみとさせていただきます。
※Japanese text only

定価はカバーに表示してあります。

ISBN 978-4-04-606375-5　C0033